D1720248

MICHAEL LICHTWARCK-ASCHOFF
DER PERÜCKENMACHER VON KÖNIGSBERG

MICHAEL
LICHTWARCK-ASCHOFF

DER PERÜCKEN-
MACHER
VON
KÖNIGSBERG
EINE SCHWIERIGE
FREUNDSCHAFT
MIT
IMMANUEL KANT

HIRZEL

Der Autor:
Michael Lichtwarck-Aschoff ist emeritierter Anästhesiologe und Intensivmediziner, arbeitete und lehrte an mehreren europäischen Universitäten, danach erst begann er literarisch zu schreiben. Ausgezeichnet wurde er mit dem Schwäbischen Literaturpreis und dem renommierten Irseer Pegasus. Bei Hirzel erschienen von ihm zuletzt: »Robert Kochs Affe. Der grandiose Irrtum des berühmten Seuchenarztes!« (2021) sowie »Als die Giraffe noch Liebhaber hatte. Wie vier Forscher in ihre Entdeckungen stolperten« (2022).

Bibliografische Information der Deutschen Nationalbibliothek
Die Deutsche Nationalbibliothek verzeichnet diese Publikation in der Deutschen Nationalbibliografie; detaillierte bibliografische Daten sind im Internet unter https://portal.dnb.de abrufbar.

1. Auflage 2024
ISBN 978-3-7776-3385-5 (Print)
ISBN 978-3-7776-3429-6 (E-Book, epub)

In der Reihe »Literarisches Sachbuch«
ISSN 2747-3279 (Print)
ISSN 2747-3287 (E-Book, epub)

© 2024 S. Hirzel Verlag GmbH
Birkenwaldstraße 44, 70191 Stuttgart
Printed in Poland

Lektorat: Sabine Besenfelder, Tübingen
Umschlaggestaltung: Christiane Hemmerich, Tübingen
Satz: Satzpunkt Ursula Ewert GmbH, Bayreuth
Druck und Bindung: Drukarnia Dimograf, Bielsko-Biała

www.hirzel.de

ZUVOR

Dieses Buch erzählt vom 18. Jahrhundert. Dabei verwende ich Begriffe und Haltungen aus dieser Zeit. Es werden Ihnen Personen begegnen, die unverblümt so reden, wie sie es damals getan haben könnten, ich lege ihnen nur ihre eigenen Worte in den Mund. Ich kann mir nicht vorstellen, wie eine Erzählung, die die Systematisierung rassistischer Ideen im 18. Jahrhundert berührt, diejenigen Begriffe aussparen kann, mit denen sich das weiße Europa die restliche Welt unterwarf.

»Seid fruchtbar und mehret euch, füllt die Erde und unterwerft sie und waltet über die Fische des Meeres, über die Vögel des Himmels und über alle Tiere, die auf der Erde kriechen!« (1 Mose 1,28) So gewalttätig ist die christliche Sprache, mit der wir in die Welt hinausgehen, mit der wir diese Welt im Wortsinn begreifen und auf sie zugreifen, und bei den Fischen des Meeres und den Vögeln des Himmels bleibt es erfahrungsgemäß nicht.

Besonders verstörend sind sicherlich Begriffe wie »Rasse« oder »Neger«, die damals wie heute die Sicht weißer Europäer und Nordamerikaner auf Menschen anderer Hautfarbe ausdrücken, Begriffe, die die Unterwerfung dieser Menschen rechtfertigen und als normal und notwendig hinstellen sollen. Wäre eine Erzählung über diese Zeit ehrlich, wenn sie so täte, als hätten viele der heute verehrten Aufklärer in respektvoller Weise oder auch nur in Anführungszeichen über Menschen anderer Hautfarbe gesprochen?

Denn das haben sie nicht.

Sie werden sich deshalb an Begriffen stoßen, die heute, so viel Fortschritt muss sein, vermieden werden. Kant, Sömmering und wie sie alle hießen, haben diese Begriffe nicht unabsichtlich benutzt. Sondern weil diese Begriffe umstandslos ausdrückten, was sie dachten, taten oder welche Taten sie rechtfertigen wollten.

Was Kant zur »Physischen Geographie« und den Menschen anderer Hautfarbe geschrieben hat, lässt sich nur schwer mit dem Bild des Erfinders der »westlichen Werte« zusammenbringen. Deswegen zitiere ich die Textquelle zu dieser Vorlesung Kants auch als Ganze. Machen Sie sich selbst ein Bild. In der Nachbemerkung finden Sie außerdem ein paar Hinweise dazu, warum ich glaube, dass ich Kant seine eigenen Zitate in den Mund legen durfte, nicht Wort für Wort und auch nicht jedes Mal als Zitat gekennzeichnet. Dass wir diese Begriffe heute als herabwürdigend und infam empfinden, ist gut, weil wir uns nicht gewöhnen dürfen an Verächtlichmachung, an Unterwerfung, Ausbeutung und Unterdrückung anderer Menschen ihrer Hautfarbe wegen.

Michael Lichtwarck-Aschoff, im Januar 2024

Editorische Notiz:
Die in diesem Buch verwendete Sprache entspricht den Gepflogenheiten der Zeitgenossen Immanuel Kants. Viele Begriffe sind aus heutiger Sicht verstörend und rassistisch, so rassistisch wie die Zeitgenossen Immanuel Kants und Kant selbst waren. Michael Lichtwarck-Aschoff legt eine Erzählung vor, in der Begrifflichkeiten aus der damaligen Zeit die Gedankenwelt des 18. Jahrhunderts „immanent" offenlegen.

Nec suffit verum dicere nisi et falsi causa adsignetur. –
Es genügt nicht, die Wahrheit zu sagen, wenn nicht auch die
Ursache der Unwahrheit bestimmt wird.

Anton Wilhelm Amo
Tractatus de arte sobrie et accurate philosophandi

In seine aschestille Decke gewickelt sitzt er am Ufer.
Er könnte auch woanders sitzen. Aber gerade diese Stelle hat er gern, er kommt immer wieder her, vielleicht, weil hier der blaue und der weiße Nil zusammenfließen. Wenn die beiden zusammen weiter nach Norden ziehen, haben sie ihre Namen verloren. Ihre Farben behalten sie.

Er schaut zu, wie der Strom sich in Nubiens bleiche Beckenknochen einschneidet, wie er breiter wird und langsamer, fast dass er stehen bleibt, bis er hinter dem feinen Horizontstrich vom Rand der Erdkugel hinunterfällt.

Ein Vogel, der die Flügel eng an den Körper drückt, so kommt er mir vor. Vielleicht sind seine Flügel nass von der Nacht. Jedes Mal fürchtet er, heute ausgerechnet könnte der Morgen vergessen zu kommen. Aber schön wäre es schon auch, wenn die Nacht trotzdem bei ihm bliebe.

Lange sitzt er im zögernden Licht, atmet den Geruch der Steine, wartet mit ihnen auf den Tag.

Wenn hinter seinem Rücken das Leben zurückkehrt in die Straßen, seufzt er, hören tut das eh keiner. Steht auf, nimmt den Schemel und geht zurück in seine Werkstatt. Perücken zusammenflechten, Locken hineinondulieren, ausbessern, was die Motten gefressen haben.

Schädelfett herauskratzen.

Das ist ja seine Arbeit: die Perücken, die Locken, das Schädelfett.

Wäre es nicht gescheiter, Urgroßvater setzte sich an eine Stelle, die näher liegt, sagen wir: ans Pregelufer? Den Pregel zwängt eine Mauer in sein Bett, Weiden wachsen zwischen den Steinblöcken. Als die Weiden jung waren, hat niemand auf sie geachtet. Sind alt geworden und wachsen weiter und noch immer, und jetzt brechen sie Steine aus der Mauer. Auch der Pregel führt Urgroßvaters Träume ins Weitere, weg aus der Stadt.

Also könnte er mit seinen nassen Flügeln gut woanders sitzen. Am Pregel, ja, das ginge.

Warum setze ich ihn nicht dorthin. Oder an die Deime. Zur Gilge hätte er es weiter, dafür müsste er schon kurz nach Mitternacht aufstehen.

Sie merken: Flüsse wären genug in der Nähe.

Aber was will ich machen, Urgroßvater wartet halt gerne zwischen den Armen des Nil.

Ich kann ihn nicht einfach irgendwo anders hinsetzen, nur weil ein Ort in der Nähe mir besser ins Erzählen hineinpasst. Das enttäuscht Sie vielleicht, und ich verstehe Sie. Lese ich ein Buch, geht es mir ja selbst so, dass ich dem Autor zurede: Jetzt bieg deine Geschichte halt ein bisschen gerade, du bist schließlich Herr deiner Erzählung, mach sie glatter oder freundlicher, lass sie gut enden. Aber alles, was es zu erzählen gibt, ist angepflockt. An einem Seil kann man im Kreis um den Pflock herumlaufen, in einem weiten Kreis oder einem engen. Sich vom Seil losmachen und ganz woandershin erzählen, das geht nicht.

Also muss ich ihn schon zwischen die beiden Arme des Nil setzen.

In diesem Augenblick sitzt er allerdings gar nicht dort.

Er sitzt auf dem Stuhl vor dem Zimmer, in dem die Commission ihn gleich verhören wird.

Eine große Furcht auf einem harten Stuhl.

Er wühlt in seinem Hirn. Was darf auf keinen Fall herauskommen? Welchen Namen verschweigen, welchen nennen, sie kennen seinen Umgang doch ohnehin ganz genau. Klara, Kant, Keyserlingk? Green? Motherby? Und Johanne, was ist mit Johanne? Bloß Johanne nicht.

Seit wann ist der Besitz von Träumen verboten?

Ihm muss keiner auseinandersetzen, wann er träumt und wann er lebt, dafür braucht er kein Verhör. Nur: Erkennt auch die Commission den Unterschied? Wie würde Kant sich herausreden, säße er an seiner Stelle?

Die Commission wird behaupten, dass sie aufklären muss. Zurzeit haben sie es alle wichtig mit der Aufklärung, sogar Woellners Hohe Commission.

Aufklärung, werden sie ihm vorhalten, Aufklärung interessiert sich für die Natur des Menschen, und jetzt geht es eben mal um Ihre Natur, Herr Monsieur. Wenn sie beim Verhören überhaupt so viel Metaphysik anwenden.

Sagen werden sie ihm: Was, Herr Monsieur, was interessiert Sie bloß an Flüssen und Schiffswerften und an der Metaphysik? Erklären Sie es uns doch. Was hat ein gewöhnlicher Perückenmacher auf einer Werft verloren? Wir wollen es nur begreifen. Sie sehen ein, dass uns das spanisch vorkommt.

Spanisch, ja dann.

Trotzdem kann er sich in sie hineinversetzen. Ohnehin versetzt er sich gern in andere. Selbst beim Verhör wird er darüber nachdenken, wie er, säße er auf ihrer Seite des Tisches, die Fragen gestellt hätte, und wie sie antworten würden, säßen sie auf seinem harten Stuhl.

Wie leicht man sich verhört, wenn man alles schon vorher weiß. Vielleicht heißt das *Verhör* ja deswegen so.

Aber jetzt wird es Zeit, dass ich hinschreibe, von wem die Rede ist.

1

Er war mein Urgroßvater: Étienne Lenné, zweimal Akzent. Accent aigu wohlgemerkt. Zweimal Aigu, das ist schon fast so viel wie ein Baron oder sogar ein Freiherr. Behauptet Mutter.

Genau genommen ist er nicht mein Urgroßvater. Verwandt schon, aber doch viele Generationen weiter weg als ein einfacher Urgroßvater. Er starb 1806, Jena und Auerstedt. Vielleicht war es aber auch 1804. Oder erst 1815, das wäre dann, Tante Eva? Ach ja, stimmt, Waterloo wäre das. Auf jahrgenaues Erinnern wird in unserer Familie Wert gelegt.

Sein Geburtsdatum ist ungewiss, wie Vieles. Aber diese neblige Stadt in Ostpreußen, in der wird er schon gelebt haben.

Ich war dort nie. War immer zu weit weg, diese Stadt. Für einen, der auf dem süddeutschen Land aufgewachsen ist wie ich, mit Ringelblumen und Kaffee in dicken Tassen, lag diese Stadt damals am Ende der Welt. Recht viel näher ist sie auch heute nicht gerückt.

Lieber Urgroßvater, sage ich zu ihm, wenn wir miteinander reden. Sonst redet eh keiner mehr mit ihm, glaube ich. Lieber Urgroßvater, sie ermahnen mich, ich soll mir bloß kein Beispiel an dir nehmen. Die Leichtigkeit wäre dir abgegangen, die eine spezielle Familieneigenschaft sein soll, das Sich-in-die-Luft-Schwingen. Du bist angeblich so lange hier unten auf irgendwelchen Prinzipien herumgeritten, bis man dich glücklich zum Verhör einbestellt hat. Wenn ich das nur nicht geerbt habe. Das und die ewig entzündeten Ohren, die Malaise habe ich von dir, so ausgeprägt hat das bisher keiner gehabt. Wenn es nur mit mir nicht endet wie mit dir.

Aber wie endete es mit dir? Bricht die Geschichte deines Lebens in einer verkohlten Perückenwerkstatt ab, einfach so?

In der Familie legen sie die Stirn in Falten, weil ich nach Urgroßvater schlage. Schon lange ist das bei keinem mehr passiert. Man hätte Urgroßvater Étienne zur Seite tun wollen. Versteht eh keiner seine Geschichte richtig. Unbestimmt in der Morgendämmerung herumsitzen und dann Schädelfett aus Perücken kratzen bis der Abend kommt, so, mein Lieber, stellst du dir dein Leben nicht vor.

Was weiß denn ich, wie ich mir mein Leben vorstelle, aber wissen will ich, wohin ich angeblich schlage. Denn sobald das Gerede einmal aufkommt, nach wem du schlägst, geht es dir wie dem Anisbrot-Teig. Wirst erst dünn ausgerollt, dann stechen sie dich mit der Model aus. Die Model ist aus hartem Birnenholz, weil Birne nicht splittert, und die Härchen richten sich nicht auf, wenn das Holz nass wird vom weichen Teig.

Im scharfen Rand wirst du herausgebacken. Oft reißt der Teig, manchmal zerbricht die Model. Dann heißt es, der hat nichts Eigenes, dem fehlt der Rand, zerbrochener Charakter der. Ein Wunder, dass er es zu was gebracht hat. Immerhin. Es zu was bringen zählt genau so viel wie einen Charakter haben. Das wird eingeräumt.

Sagen tun sie, mit Urgroßvater hat es ein Ende genommen. Ein unwürdiges. Wenn ich es genauer wissen will, heißt es: Das ist alles so lang her, und du könntest es ja anders machen als er, obwohl.

Immer ist die Rede von diesem Verhör. Zum Verhör soll Woellners *Königliche Examinations-Commission in geistlichen Sachen* Urgroßvater seinerzeit einbestellt haben. Was hat er verbrochen? Warum hätte der Minister Woellner ihn zum Verhör geholt?

Könnte natürlich sein, dass man Leute verhörte, einfach weil man gerade Lust drauf hatte. Seinerzeit muss ja ordentlich Willkür geherrscht haben. Vielleicht hat Urgroßvater gar nichts verbrochen gehabt. Dann soll man aber bitte nicht so daherreden, als wäre die Einbestellung zum Verhör schon ein Beweis für Weißgottwas.

Vielleicht war da ja doch etwas Unrechtes. Manchmal bestellen sie dich ein, und eine Schuld, Herrgott ja, eine Schuld hättest du schon zum mit Hineinschleppen ins Verhörzimmer. Hat doch jeder.

Aber von der können die da drinnen nichts wissen, und verzweifeln möchtest du, weil jetzt das Schmutzige, von dem sie eigentlich nichts wussten, aus dir herausgepresst wird.

Am Ende fragt die Commission nicht nach der Schuld. Nur nach Sachen, die man nie getan hat.

Seit einiger Zeit besuche ich Eva regelmäßig. Wegen Urgroßvater besuche ich sie. In der Familie spötteln sie über meine Begeisterung für Himmel und Erde. Eva macht dieses Gericht mit Äpfeln, die sie in braunem Zucker wälzt, dazu gibt es roten Presssack. Ich schwärme nicht für Himmel und Erde, schon gar nicht für Presssack, denkt was ihr wollt.

Tante Eva ist Mutters jüngste Schwester, sie wird Evchen genannt. Wurstlippen hat sie, keinen Mann und viele Bücher. Was kein Wunder ist bei einer Buchbinderin. Der linke Mundwinkel hängt ihr herunter.

Von ihren Bücherregalen mit den durchgebogenen Brettern darf ich mir herausnehmen, was ich mag. Wenn ich ausgelesen habe, soll ich es zurückbringen, keine Eile. Aber lieber sitze ich auf ihrem speckigen Sofa und lese dort, kann sie fragen, wenn ich etwas nicht verstehe.

Auch von ihr sagen sie manchmal, dass sie nach Urgroßvater Étienne schlägt.

Weil mein Mundwinkel so runterhängt wie seinerzeit Étiennes Schulter, seine linke Schulter muss wirklich hübsch nieder gewesen sein, lacht sie. Wenigstens hat er mir seine Nase nicht vererbt, diesen Zinken.

Die meiste Zeit reden wir von ihm. Was Tante Eva von ihm gehört hat. Was sie in Papieren liest und in Alben sieht, was in den geerbten Kisten steckt. Und was sie sich dazu ausdenkt.

In einer dieser Kisten hat sie eine verkohlte Perücke gefunden, eingeschlagen in Packpapier.

Jedenfalls presst Tante Eva mit dem, was sie erzählt, meinen Urgroßvater in keine Birnenholzmodel. Wie es mit ihm endete, sagt sie nicht, zu wacklig das alles. Sie denkt sich lieber seine Anfänge aus. Von denen weiß man wenigstens Einiges und kann sich's zu einem Zopf zusammenflechten.

Wenn ich schon nach dir schlage, Urgroßvater, will ich mehr von dir wissen. Aber dann sprich halt mit mir, erkläre dich. Ich nehme die verkohlte Perücke vorsichtig in die Hand und mache die Augen zu, jetzt höre ich deine Stimme. Eine helle Stimme, wie von einem Kind. Kommt oben von der Gaumenplatte her, dort, wo das Hirn mit dem Riechnerv in die Welt hinausschaut. Oft weiß ich nicht, ob du mit mir redest oder ich mit mir selber.

Östlich der Stadt, in der Urgroßvater lebte, sagen sie: Die Vergangenheit ändert sich ständig. Damit kann man natürlich vieles rechtfertigen. Aber es muss doch etwas geben, an dem ich mich festhalten kann.

2

Also dann eben nicht zwischen den Armen des Nil. Stattdessen: Auf irgendeinem kahlen Korridor der Löbenichter Feste, vor dem Verhörzimmer. Dort sitzt er jetzt, Étienne Lenné, zweimal Aigu und mein Urgroßvater.

Ein Holzstuhl, die Vorderkante abgewetzt, weil einen die Lehne nach vorne drückt, da suchen die Kniekehlen unwillkürlich Halt. Am Anfang merkt man es ja nicht. Aber je länger man auf dem Stuhl sitzt, desto schlimmer wird es. Ohne zu verstehen warum, rutscht man hin und her, lässt es wieder bleiben, weil der Stuhl knarzt, wenn man das Kreuz aufrichtet. Das klingt dann, als hätte der Sitzer einen Grund, sich von dem Holzstuhl und überhaupt aus dem kahlen Korridor wegzuwünschen. Den Eindruck möchte man vermeiden.

Noch ahnt Urgroßvater nicht, wie gründlich ihn die Sitzerei heute quälen wird. Als er sich niederließ, schlug es vom Turm der Altroßgärter Kirche gerade neun. Jetzt wartet er darauf, schon lang wartet er, dass er an die Reihe kommt.

Obwohl: Von einer Reihe kann eigentlich nicht die Rede sein. Die Reihe besteht aus Urgroßvater. Und den leeren Stühlen an der Wand. Auf denen werden diejenigen warten, die nach ihm einbestellt sind, so wird es sein. Momentan ist er noch allein mit den Stühlen.

Kein Laut dringt durch die schwere Tür aus dem Verhörzimmer zu ihm heraus. Es riecht nach Schmalz und kalten Füßen. Seine Nase ist ja groß und furchtbar empfindlich.

Unauffällig versucht Urgroßvater, das Kreuz gegen die schiefe Lehne durchzudrücken, Schwachholz sollte nachgeben. Dabei hält er die Augen offen. Bloß nicht die Aufsichtsperson verpassen, die ihn vor die Hohe Commission führen wird. Er friert. Das Herbstlicht, das die Straßen draußen wärmt, spürt er nicht.

Am liebsten würde er in sich selbst hinein verschwinden. Inwendig in dem Frisiersalon herumwandern, den er demnächst eröffnen will. Er denkt an Stühle, auf denen man gerne wartet. Bequemer als diese hier, weiß Gott. Gepolstert und vor allem: die Lehne nach hinten geneigt, bequeme Armstützen. *Chez Etienne* könnte sein Salon heißen, obwohl, er weiß nicht recht. Klingt ein bisschen zu angelegentlich, nach *établissement* irgendwie. Er wird die Gräfin um Rat fragen. Oder lieber Johanne.

Sein Traum vom Frisiersalon geht die Commission nichts an, wird sie bestimmt nicht interessieren.

Ist wirklich nur ein Traum bisher, er will ihn sich in seinem Frisierkabuff verwirklichen, da fehlt allerdings noch viel. Dieses Kabuff ist durch eine Geheimtür, na ja, furchtbar geheim ist die nun nicht, von seiner Perückenwerkstatt abgetrennt, ein paar mutige Aufklärer lassen sich hier eine *façon* schneiden. Das Kabuff wird er dann öffnen und erweitern, sehr großzügig und hell, daraus wird der Salon werden.

Habe ich gesagt, dass Urgroßvater den Fassongschnitt erfunden hat? Stimmt natürlich, manches wird zweimal und dreimal und dann immer wieder erfunden, aber mit der Fassong, das war schon er. Soll darauf bestanden haben, dass die Fassong mit einer Cedille gesprochen wird, *façon* eben, hört man doch. Weil Hugenotte war er ja auch. Schon sein Name. Seit, na sagen wir: seit Jahrhunderten hieß der älteste Sohn der Familie Étienne.

Auf den Gütern herumkarjolen und die eingebildeten Perücken ondulieren, wie satt er das hat. Sollen die Herrschaften doch in seinen Traumsalon kommen. Perücken wird er dort keine anbieten, damit wird Schluss sein. Stattdessen wird man bei ihm eine gedankendurchlüftende *façon* für jedermann geschnitten bekommen. So eine demokratische Frisur ist ein guter Anfang, sie wirkt in den Kopf hinein und der Kopf seinerseits wirkt dann in den Staat. Nachdenkend, lesend, kluge, freundlich gewogene Worte plaudernd, werden sie in seinem Salon warten, bis sie an der Reihe sind. Vorgezogen wird keiner, schon gar nicht, weil er der Herr Hochwohlgeboren ist. Selbstverständlich würde er auch den Schiffern, den Tagelöhnern, den Sauhirten ihre *façon* schneiden, (in dem Fall: ihre *Fassong*, auf einer Cedille reitet er nicht herum). Zum halben Preis würde er sie ihnen machen. Aber die haben, das versteht er gut, andere Sorgen, als um die Ohren herum adrett auszusehen.

Sogar eine eigene anatomische Theorie hat Urgroßvater herausgetüftelt. Sie stellt die wissenschaftliche Grundlage seines Frisiersalons dar. Man unternimmt heute ja nichts mehr aufs Geratewohl und ohne gedankliches Fundament. Mit der Theorie könnte alles angefangen haben. War sie da, bevor der Traum vom Frisiersalon da war? Keine Ahnung. Mit der Theorie rechtfertigt er sich, vor sich selbst, vor Klara und den Kindern.

Die Theorie geht so: Solange eine Perücke auf sie drückt, können Gedanken einfach nicht frei atmen. Jeder vernünftige Gedanke braucht einen eigenen Atemmuskel. Zieht der Muskel sich kraftvoll zusammen, bläst er dadurch in den mit ihm verbundenen Gedanken frische Luft hinein, sodann, in einer gegenläufigen Bewegung, entspannt er sich, saugt dadurch diastolisch unverbrauchte Luft an, füllt sich bis zum Platzen, um anschließend diese Luft im nächsten Atemstoß *systolisch* wieder in den Gedanken hineinzupumpen. Funktioniert wie eine Bilgenpumpe. Nicht ganz einfach, sich das vorzustellen. Aber der Anatom Sömmering hat Urgroßvater attestiert, dass er die Fachbegriffe korrekt benutzt, und dass die Tätigkeit des Pumpens unter den Lebewesen eine geläufige ist.

So treibt der Atemmuskel, fort und fort pumpend, seinen Gedanken voran.

Jetzt aber die Perücke, die hindert die Muskeln am Pumpen. Mit so einem Ding auf dem Kopf kann sich kein Mensch aus der Unmündigkeit befreien. Dazu müsste er auf den Gedanken des Befreiens erst einmal kommen, und ein Gedanke ist zu Anfang, wenn er denn überhaupt entsteht, klein und schwächlich. Muss aufgepumpt und voranbewegt werden. Die Perücke hingegen macht die Muskeln schlaff, hatte Urgroßvater seinem Freund Kant zu erklären versucht.

Aus jahrelanger Friseurerfahrung weiß er: Von der Muskelschlaffheit kommt die Feigheit. Und weil sie muskelschlaff und feige sind, bleiben die meisten Menschen lieber gleich unmündig. Ist ja auch bequemer.

Ein paar unsaubere Stellen hat seine Anatomie noch, die eine oder andere Schlussfolgerung muss erst bewiesen werden, er arbeitet daran.

Bisher ist dieser Salon nur ein Traum. Ein Traum, von dem er genau weiß, er träumt ihn im Wachen, damit er für ein paar Augenblicke herauskommt aus der Perückenmacherei, ein Traum, der hin und wieder einen Lichtstrahl auf seinen Alltag wirft.

Zu jener Zeit hatten alle Leute einen Traum. Oder mehrere. Sonst hätten sie die kalte Nüchternheit der Aufklärung nicht ausgehalten.

Nicht jeder träumt auf Étiennes Weise.

Nehmen wir nur den Traum des englischen Handelskonsuls Joseph Green aus Hull, derzeit und für den Rest seines Lebens wohnhaft in Judditen im nördlichen Pregeltal. An klaren Tagen sah man aus den bis zum Fußboden reichenden Fenstern in der Ferne das Frische Haff. Für Greens Traum könnte die Commission sich durchaus interessieren, eher als für einen ordinären Perückenmachertraum. Ist ja sehr viel mehr als ein Traum, man kann ihn mit Händen greifen, er steht in Kontobüchern, Rechnungen, er besitzt ein Fundament aus harten Balken. Vielleicht haben sie Urgroßvater überhaupt wegen Greens Traum herbestellt. Green ist, könnte man sagen, fast ein guter Bekannter von Urgroßvater.

Was träumt Konsul Green?

Doch zunächst – wie kommt Urgroßvater dazu, den Konsul Joseph Green zu kennen? Der Herr war ja nicht irgendwer. Ganz einfach, Kant hatte dem Konsul meinen Urgroßvater als Perückenmacher empfohlen. So weit hatte alles seine Ordnung.

Aber die Sache mit den Anteilsscheinen – danach würde die Commission doch hoffentlich nicht fragen? Urgroßvater war darüber selbst ziemlich im Zweifel.

Während Green seinerseits nie zweifelte, am allerwenigsten an sich selbst. Er war Bankier, Reeder, Kaufmann, Aufklärer, Konsul, Hochadel der neuen Geschäftswelt. Wozu man allerdings aus England stammen muss. In Geschäften war sein Blick so scharf wie der seines besten Freundes Kant in der Metaphysik. Dazu kam jahrelange Übung in der Gewinn- und Verlustrechnung. Mit Schuldscheinen und Zinsen, Walfisch, Gerste, Heringen und Kohle hatte er ein hübsches Vermögen zusammengebracht. Ein ebenso charmanter wie extravaganter Mann, von Urgroßvater wollte er eine kanariengelbe Perücke mit Stirnlocken, Urgroßvater verzweifelte fast an dem Auftrag. Geboren in Kingston upon Hull, wies Green gern darauf hin, dass Kingston seit Eduard I. *King's town*, zu Deutsch: *Königsberg* heißt. Greens Schiffe schafften Königsberger Garne nach Kingston upon Hull, wo sie gewebt wurden und als feine Tuche nach Königsberg zurückkehrten. Von der Hof-Schneiderei Krebs ließ der Konsul sich davon Röcke anmessen.

Das Tuch meiner Röcke, lächelte er, reist mehr herum als ich selbst. Das kommt: In den Taschen sitzt so ein Ziehen, es zerrt mich in die Ferne. All die Bernsteintränen und Illusionen darin, der Schneider Krebs sollte die Taschen vielleicht besser zunähen.

Außer den Träumen von Walfischtran und Kohle hatten bei Green augenblicklich Kautschuk-Träume Konjunktur. Englische Reisende, deren Expeditionen Green finanzierte, hatten ihm berichtet, in Afrika wüchsen Bäume, aus denen der Rahm nur so quelle, sobald man ihnen in die dicke Haut schneide.

Die Spanier sagen *Kautschuk* zu der fetten Flüssigkeit, war dem Konsul berichtet worden. In Südamerika, das die Spanier schon seit einiger Zeit in die Zukunft führen, trinken die Wilden den Rahm gegen jede Krankheit. Auch für den Gottesdienst nehmen sie ihn her, oder halt das, was bei denen einen Gottesdienst vorstellen soll. Im Grunde recht geschickt verbinden sie das Heilige mit dem Nützlichen, indem sie sich Füße und Schenkel mit dem Rahm beschmieren und ihn antrocknen lassen. Der Rahm bildet eine Haut, die sie wasserfest macht. Auch ihre spärliche Kleidung und ihre Dächer schützt der Rahm gegen Regen. Sogar Bälle machen sie davon. Außer Spielen und wie Kinder Herumtoben haben sie eh nichts im Sinn.

Grenzenlos sind die Verwendungsmöglichkeiten des Kautschuks. Der Stoff wird unser Jahrhundert prägen. Sagte Konsul Green. Und sagte Kant.

Von einem Mister Priestley weiß Kant wiederum, der ja Bekannte in aller Welt hat, von denen er Wissen über fremde Länder einsammelt: Lässt man den Baum-Rahm nur lange genug an einem schattigen Platz stehen, wird er so fest, dass man davon Stücke abschneiden kann, wie von einem Käselaib. Mit denen lässt sich dann *radieren*.

Radieren. Welch befreiende Kraft in so einem Stück geronnenen Rahms liegt. Aufgeschriebene Irrtümer wegradieren, das Falsche löschen, das Richtige noch schärfer machen. Verbessern, ohne dass man gleich das ganze Blatt Papier wegwerfen, das Heft, das Buch einstampfen muss. Durch das Richtige von heute hindurch ahnt man gerade noch den gestrigen Irrtum, fortschreiten und bewahren zugleich. Wer radiert, herrscht.

Müsste er ein Sinnbild für die Aufklärung erfinden, sagte Kant gern, würde er dafür den Radiergummi hernehmen. Bisher hatte man fürs Wegradieren Brotkügelchen benutzt, das Bedürfnis nach

Verbesserung gab es ja nicht erst seit der Aufklärung. Das Brot verschmierte die Tinte, die Schmiererei machte die Sache erst recht sichtbar. Außerdem gehört es sich nicht, Brot dafür zu verwenden. Kant sieht enorme Möglichkeiten für Kautschuk-Radiergummi.

Auf Nachfrage hätte Konsul Green erklärt, die Grundsätze der Gewinn- und Verlustrechnung saugen die Kaufmannskinder von Kingston upon Hull mit der Muttermilch ein, auf diesem Feld mache ihm also niemand was vor. Ob nun allerdings die Rolle des Radiergummis in der Geschichte des menschlichen Fortschritts so grundstürzend sei, wie sein Freund – und Gottseidank inzwischen auch Teilhaber – Kant, es analysiere, wer wisse das schon. Aber egal, in der praktischen Konsequenz laufe es auf dasselbe hinaus.

Die praktische Konsequenz bestand zunächst einmal darin, dass Konsul Green eine Gesellschaft gründete, das Gesellschaftgründen muss seinerzeit generell ziemlich beliebt gewesen sein: Die *Greens & Motherbys Afrika-Schiffahrts-und-Kautschukgesellschaft in Nachfolge der Brandenburgisch-Afrikanischen-Amerikanischen Compagnie von 1682*, so ihr amtlicher Name, den sich natürlich kein Mensch merken konnte. Die Königsberger nannten sie deshalb nur *Grüns Afrika* oder *Grüns Kautschuk*.

Von Schifffahrt allerdings noch keine Spur, erst einmal müssen die Schiffe gebaut sein, damit wenigstens dieser Teil des langen Namens stimmt. Die anderen Teile würden sich dann finden.

Im Dienst der Gesellschaft hatte Konsul Green als ersten Schritt den Beruf des Reeders übernommen, seine Werft lag in Pillau, dem Hafen der Stadt.

Es hätte geeignetere Plätze für Greens Werft gegeben als diesen heruntergekommenen Hafen, der haltlos in seiner Vergangenheit versank. Aber gerade an der Vergangenheit wollte Green anknüpfen, erklärte er Urgroßvater, während der ihm die gelbe Stirnlocke gefällig anordnete.

In den großen Tagen der Kurbrandenburgischen Marine sei Pillau Flottenstützpunkt gewesen. Von hier aus habe Kurfürst Friedrich Wilhelm seine Matrosen nach Afrika auslaufen lassen, wo sie an Ghanas Küste die Festung *Groß Friedrichsburg* errichteten, einen Holz- und Goldhandel aufzogen und auf preußischen Sklavenschiffen beiläufig dreißigtausend Afrikaner in die Sklaverei verkauften. Unschöne Geschäfte, freilich. Aber gerade das Unschöne ist erstaunlich einträglich.

Sein Sohn, der Soldatenkönig, sei an der brandenburgischen Marine nicht interessiert gewesen, merkwürdig. Er habe die Matrosen dort unten ihrem Schicksal überlassen und die Kolonie für siebentausend Dukaten und zwölf Mohren an die Niederländer verkauft, verscherbelt müsse man schon sagen. So habe sich Preußen, nach über drei Jahrzehnten, als Kolonialmacht abgemeldet.

Was kurzsichtig gewesen sei, wie der Konsul erläuterte. Ich sage nur Kautschuk, Kautschuk und Stolz auf die eigene Vergangenheit. Deshalb Pillau, deshalb der umwegige Name seiner Gesellschaft mit einer Verbeugung vor dem Preußenkönig. Nein, kein Sklavenhandel, das verbietet die eigene Würde, diese Schweinerei überlässt er gern der Konkurrenz, ein Konsul Green aus Kingston upon Hull handelt nicht mit Menschen. Aber mit dem Kautschukhandel die Zivilisation nach Afrika bringen, das wäre eine Art Wiedergutmachung für die Sklaven, die der Große Kurfürst verkauft hat.

Kautschuk, Aufklärung und jetzt erst einmal Schiffsbau. Ein paar Matrosen hat er von England her bestellt, hat ihnen eine Unterkunft errichten und eine Kneipe hinstellen lassen ans Pregelufer, direkt neben der Anlegestelle für die Fluss-Schiffer. Die Männer können es kaum erwarten. Die Gesellschaft würde ein Schiff, ach was, eine ganze Flotte von Expeditionsschiffen würde er demnächst ausrüsten und mit Trupps handfester Kerle nach Afrika schicken. Dort eine Niederlassung hinstellen, selbstverständlich mit einer Missions-

und Krankenstation, man weiß nie, was einen auf so einem wüsten Erdteil erwartet. Die Männer würden dafür sorgen, dass die Eingeborenen begriffen: Die Zivilisation braucht Kautschuk, und Zivilisation können wir alle brauchen, nicht wahr?

Was Green gegenwärtig allerdings am dringendsten sucht, sind Herrschaften, die ebenso vermögend sind wie aufgeklärt, sie sollen Anteile an seiner Kautschukgesellschaft zeichnen.

Und weil Kautschuk nicht vom ostpreußischen Himmel tropft, weil Schiffe nötig sind, die ihn übers Meer schaffen, braucht er Schiffsbauer. Jedenfalls Männer, die mit Holz umgehen können, Werftarbeiter, Holzarbeiter. Später wird er Schauerleute brauchen. Er denkt an Bauern. Die müsste man allerdings erst aus ihren Frondiensten für den ostpreußischen Adel befreien. Mit Axt und Säge könnten sie für die Gesellschaft des Konsul Green eine Menge Freiheit erwerben.

Eine Handvoll Mägde braucht er außerdem, die Männer kriegen Hunger bei der schweren Arbeit und wollen am Abend eine Unterhaltung.

Was die Bauernbefreiung angeht, ist Green einer Meinung mit dem Minister Woellner.

Deswegen, also wegen der, sagen wir: Bauernbefreiung, werden sie Urgroßvater nicht zum Verhör einbestellt haben. Denn die strebt der Minister Woellner ja bekanntlich genauso an wie der Konsul Green. Möglicherweise hätte der Minister gern zusätzlich ein paar Anteilsscheine an Greens Kautschuk. Dafür müsste er allerdings niemand verhören, es reicht, wenn er einen Boten mit der entsprechenden Summe in Greens Kontor schickt.

Als ersten Teilhaber der Gesellschaft hatte der Konsul den Philosophen Kant gewonnen. Dafür war, wie er Urgroßvater berichtete, nicht einmal besonderer Nachdruck notwendig gewesen. Nur, dass der sparsame Kant seine Anteilsscheine auf Kredit haben wollte, er würde sie mit den ersten Gewinnen verrechnen.

Natürlich hatte Green dem sofort zugestimmt.

Kants kleines Geld brauchte er nicht, er brauchte Kants Philosophenrat, ihm ging es um metaphysisch sauberen Kautschuk. Kant habe ihm gesagt, er arbeite ohnehin gerade eine Theorie aus, die zufällig auf das Kautschukgeschäft passe wie der Deckel auf den Topf: die »Physische Geographie«, ein schlüssiger, ein zwingender Zugriff auf die schlummernden Reichtümer der Welt. Die sollten endlich aus Bäumen, Äckern, Bergen und Flüssen herausgeholt werden und allen zugutekommen.

Überzeugend könne sein Freund Kant mit der Physischen Geographie begründen, warum Zivilisation und Aufklärung nicht das Geschäft Ostpreußens allein bleiben könne. Warum die Fackel der Aufklärung über der ganzen Welt angezündet und zum Lodern gebracht werden muss.

Der Konsul hatte sich ein Deutsch angelernt, das reißfester war als die weichen Tuche, in die er seinen Körper hüllte.

Als zweiten Teilhaber hatte er, nein, nicht Urgroßvater, der kam erst viel später dran, einen gewissen Mister Motherby, Howard Motherby, gewonnen.

Wann und warum dieser Herr in der Stadt aufgetaucht war, wusste niemand. Eines Tages war er einfach da gewesen, hatte die weite Reise von den englischen Kolonien in Nordamerika in die hiesige Stadt voller Nebel gemacht. Nur damit die Stadt etwas zu tratschen hatte? Hartnäckig wurde vermutet, der Mister Motherby habe haufenweise Geld mitgebracht, das er durch Wetten auf den Preisverfall von Tulpenzwiebeln verdient hätte.

Mister Motherby sagte dazu nichts. Er trat bescheiden auf und teilte nicht mit, wo er seinen Reichtum herhatte, und ob Geldverdienen mit seinem seltsamen Beruf, *Philanthrop* will er gewesen sein, überhaupt möglich war.

Obwohl der Mister ein Rätsel war, brachte er es in kürzester Zeit dahin, dass ohne ihn kein Geschäft, kein Comptoir, keine Handlung mehr eröffnet wurde. Niemand hätte sagen können, warum Motherby plötzlich unentbehrlich war, wenn Rüben oder Roggen verkauft wurden, das hatte man doch getan, seit die Geschäftsleute denken konnten, aber anders konnte man es sich nun nicht mehr vorstellen.

Inzwischen hatte der Konsul vergessen, ob Motherby oder er selbst die Idee für die Kautschukgesellschaft gehabt hatten.

Dabei handelte Motherby persönlich nicht mit Rüben, Roggen oder Hering, besaß kein Schiff, nicht einmal eine Kutsche, nur ein ungelüftetes, winziges Comptoir mit leeren Wänden. Dort verbrachte er Vormittage mit der Lektüre aufklärerischer Philosophen, die ihre Bücher auf Englisch schrieben.

Mit Luft handelt der, mit nackter Luft, behauptete Urgroßmutter Klara, die, wie man bei dieser Gelegenheit feststellt, eine bemerkenswert nüchterne Frau war. Sechs Kinder hatte Urgroßvater Étienne mit ihr. Und Klara sah aus wie ein kleiner blauer Nagel, der sich nicht hineinklopfen lässt und immer schief heraussteht.

Ihr waren diese Lufthändler allesamt verdächtig, der Mister Motherby genauso wie Kant oder sein Konsul. Luft, die handeln alle mit nichts als nackiger Luft, sagte sie, schreiben Luftbücher, lesen Luftbücher, halten Luftreden, verkaufen Lufttuche und Luftschiffe, lass die Finger von denen, Étienne, wenn du dich auf die verlässt, kannst du auch gleich den Pregel auf Schafwolken überqueren.

Urgroßvater wird unsicher den Kopf geschüttelt haben. Dass er vor Kurzem ein paar Anteile vom Konsul gekauft hatte, traute er sich der Urgroßmutter gar nicht zu sagen.

Ihm selbst war Mister Motherby ja auch nicht geheuer. Hatte ein Gesicht auf wie eine Japanermaske, die ein uraltes Kind darstellen soll. Obendrauf trug er eine *façon*, eigentlich eher eine Pelzkappe, vielleicht war das gerade die Sorte *façon*, die sie in den aufrührerischen englischen Kolonien gern trugen, das Ding begrenzte die Stirn mit einer messerscharfen Linie, sie verlief parallel zu den Augenbrauen. Still, immer diesen alten Blick eingeschaltet, saß die Maske an den Abendtafeln.

Hatte Mister Motherby etwas zu sagen, schrieb er das auf winzige grüne Zettel. Er riss sie in schneller Folge von einem Block ab, viel passt ja nicht auf so ein kleines Stück Papier, und schob sie den Gesprächspartnern über den Tisch hinüber. Die nickten dann heftig, standen manchmal sogar auf und rannten aus dem Salon, als hätte Motherby ihnen etwas geraten, was genau in dieser Minute erledigt werden musste, sonst wäre die Gelegenheit vertan. Selten, dass Mister Motherbys Mund einmal einen Satz herausbrachte, und wenn, dann ging es darum, wie wenig ihn die Geschäftemacherei interessierte.

Konsul Green hielt viel von Motherbys grünen Zetteln, er bewahrte sie in einer Schatulle auf. Dabei störte es Green nicht, dass der Mister aus den Kolonien stammte, die gerade dabei waren, von des Konsuls englischem Mutterland abzufallen.

Auf den Zetteln schienen Ratschläge zu stehen, vielleicht auch Anweisungen für den Kauf zusätzlicher Anteile an der Kautschukgesellschaft, die Empfänger zeigten sie nicht her. Manchmal waren es wohl nur Kommentare zu dem gerade stattfindenden Gespräch: ein grob gezeichneter Daumen, der nach unten oder nach oben zeigte. Ohne die Schatulle, sein *Album der praktischen Vernunft*, wie der Konsul den Zettelpacken nannte, wollte er in Sachen Kautschukgesellschaft inzwischen nichts mehr entscheiden.

Vom Mister Motherby hatte Kant sich einen wichtigen Gedanken ausgeborgt: In der Zeit, die jetzt gerade von uns zu Ende gebracht wird, hat man der Herrschaft für ihre Geburt Achtung geschuldet, gleichgültig, ob ihr Handeln eine Achtung verdiente oder nicht. Eine solche Achtung ist nicht messbar, man kann sich nicht einmal sicher sein, ob sie überhaupt da ist. Mit soliden Geschäften dagegen lässt sich Achtung leicht messen. Wem die Leute viele Anteile seines Geschäfts abkaufen, den achten sie, dem vertrauen sie. Aktien sind das Wechselgeld der Achtung.

Der nächste Schritt im Kautschuk-Projekt sollte nun darin bestehen, dass die Gräfin Keyserlingk dazu gebracht wurde, Mister Motherby zum Abendessen auf ihr Schloss Capustigall-Waldburg einzuladen. In seiner maskenhaften Art überzeugte Motherby die Menschen merkwürdigerweise, dass sie das, was sie auf seinen Rat hin taten, schon längst selbst hätten tun wollen. Waren die Keyserlingks für den Kautschuk erst einmal gewonnen, würden die Steckrübenbarone ihrem Beispiel folgen, reißen würden sie sich um die Gesellschaftsanteile.

Nur, dass eine Einladung nach Capustigall nicht so einfach zu bekommen war. Die Capustigaller Abendtafel war praktisch das Hochamt des ostpreußischen Geisteslebens, die Einladungen der Gräfin, daran teilzunehmen, kamen allerdings wie Gottesurteile. Es traf einen, oder traf einen nicht, niemand wusste, warum. Und gerade diejenigen, die man ihr besonders ans Herz legte, lud die Gräfin in der Regel nicht ein.

Die Bauern würde Graf Keyserlingk ihm schon leihen, die Keyserlingks waren aufgeklärt und bestimmt froh, wenn der Konsul ihre Leute auf seiner Werft sinnvoll beschäftigen konnte. Frondienste auf gräflicher Scholle, da war die Aufklärung inzwischen wirklich weiter. Und die eine oder andere gefällige Magd würde sich unter den Keyserlingkschen Bauern auch auftreiben lassen, endlich mal weg von den ewigen Steckrüben. Eine von der gewünschten Sorte, sie hieß, wie Konsul Green sich zu erinnern glaubte, Johanne, hatte er im Schloss schon öfter gesehen.

Kants Physische Geographie unter die Leute bringen, die Bauernbefreiung, eine Handvoll anstelliger Mägde, Äxte, Sägen, Anteile,
Anteile, Anteile, und die Einladung Mister Motherbys nach Capustigall – das war so ungefähr die Reihenfolge, in der Konsul Green die
nächsten Aufgaben sah.

Wie gesagt, seine Träume waren sehr zupackend.

3

Schon länger hatten Urgroßvaters Tage ihre Schnur verloren. Wann hatte das angefangen?

Vermutlich hätte er es durchaus angeben können, aber was hätte solche Genauigkeit geändert? Wenn nur die Commission ihm nicht draufkam, wenn er sich heute nur nicht verriet.

Ein unwürdiges Ende soll es mit Urgroßvater genommen haben. Sieh zu, dass du nicht endest wie Étienne, werde ich oft gewarnt. Aber Herrgott: Was wäre denn falsch gewesen an seinem Leben und damit, wie es endete? Unwürdig, sagen sie, einfach unwürdig. Dann zeigt mir halt ein würdiges Ende, ein Ende, das nicht einfach nur ein Ende ist.

Ach was, sagt Tante Eva, Ende. Anfänge hatte er, einen ganzen Waschzuber voller Anfänge. Friseur war er, Erfinder des Fassongschnitts. Und das war nur das Offensichtliche.

Inwendig ein Philosoph, ein Aufklärer, der das Aufklären ernster nahm als die meisten anderen, ein Zögerer, ein Zweifler vor allem an sich selbst, keiner, der sich was einbildet. Das mit dem Philosophen hat er nie laut herausgesagt. Wenn du nichts weiter gelernt hast, als Locken in Perücken brennen und Schädelfett rauskratzen, kannst du nicht auf einmal daherkommen damit: Ach ja, und im Nebenzu bin ich noch Philosoph. Großen Respekt hat er gehabt vor der Tätigkeit des Grübelns, die muss man genau so von Grund auf erlernen wie das Perückenmachen. Ewig hat er sinniert, ob das, was er in seiner Werkstatt macht oder beim Sonntagsessen mit der Familie, bei der Erziehung der Kinder und im Umgang mit seiner adligen Kundschaft, ob das auch zusammenpasst mit der Aufklärung. Herz und Mund und Tat und Leben müssen zusammenpassen. Fugengenau gepasst hat es nie. Oft hat es zwischen dem Perückenmachen und der Aufklärung einen großen Abstand gegeben. Das muss besser eingerichtet werden. Ganz innen drinnen wird er das Philosophieren als seinen Hauptberuf verstanden haben. Jedenfalls am frühen Abend, wenn die neue Perücke genäht war, und er noch nicht zu müde, dass er sich sein Tagwerk von der Philosophenseite her hätte anschauen wollen.

Vielleicht ist es aber auch so gewesen:

Seinerzeit war die Aufklärung ziemlich im Schwang und gut angeschrieben, jeder hat sich dafür interessiert, weil da brach etwas an. Dass wir eine Freiheit haben und eine Verantwortung, das hätte Urgroßvater an der neuen Sache schon gefallen.

Trotzdem ist er seine alte Überzeugung nicht richtig losgeworden. Von der her hätte er mehr an Bestimmung geglaubt. Also dass das, was ihm geschieht, halt sein Los ist. Zugeteilt und aus. Ein ewiger Hader muss in ihm gewesen sein zwischen seinem alten Los-Glauben und dem frischen Freiheits-Glauben. Kann er tun, was er will? Wie soll das denn gehen für einen einfachen Perückenmacher, der von der Eitelkeit der besseren Leute lebt. Oder soll er wollen, was er muss? Aber wozu dann seine vielen Anfänge, das wäre doch gerade so, als wüsste das Los selbst nicht recht, was es ihm zuteilen soll, und er müsste sein Los erst suchen.

Wie er es auch herumgedreht hat, es hat nie ganz passen wollen. Die Bruchlinien sind falsch verlaufen, ich kenne das.

Jedenfalls hat er auf die Art einen inwendigen Beruf gehabt und mehrere auswendige. Von außen der beliebte Perückenmacher, inwendig Perückenabschaffer aus Überzeugung, weil: Die Gedanken müssen gelüftet werden, sonst werden sie nie frei.

Tante Eva besteht darauf, dass zu seinen Anfängen unbedingt auch gezählt werden muss, dass er inoffizieller Botschafter der Französischen Revolution gewesen ist, Züchter von Kristallen, Gärtner seltener Stauden, und ein Frauenbewunderer, ein Wolkenbetrachter, ein freundlicher Vater von sechs Kindern.

Schöne Anfänge das, die meisten brotlos.

Manches brachte Urgroßvater zu Ende. Meistens das, womit er scheiterte. Das war viel.

Über das Scheitern, sagt Tante Eva, kann man denken, was man will — ein klarer Schlussstrich ist es allemal. Womit man einmal gescheitert ist, braucht man jedenfalls nicht ein zweites Mal anfangen.

In der Perückenmacherei muss er demnach bemerkenswert ungeschickt gewesen sein, also für einen Friseur damals. Frisieren war ja das Durchgängige.

Oft soll Urgroßmutter Klara gesagt haben: Étienne, ich bitte dich, Étienne – Perücken abschaffen wollen, bloß weil du keine flotten Perücken mehr zusammenbringst. Sag dir nicht selbst dauernd vor, deine ungeschickte Hand wäre deine Mission. Weil du so scheußliche Perücken machst, musst du die Perücken nicht gleich abschaffen wollen. Von abgeschafften Perücken werden wir nicht satt. Stell einen Gesellen ein, der für dich die Perücken onduliert. Und während dein Geselle sich um die falschen Locken kümmert, salbst du den grindigen Schädel der Herrschaft mit Zimt und Wintergrün oder Hamamelis, machst ihnen Komplimente über ihre dicken Steckrüben in diesem Jahr und wie bezaubernd rein ihr Teint bleibt, obwohl sie doch ganz hübsch üppig leben, neidisch könnte man werden, und noch ein Klacks Zimtsalbe drauf. So etwas machst du fabelhaft. Wir haben sechs Kinder zu füttern, vergiss das nicht.

Darauf erwiderte Urgroßvater nichts, tat nur einen seiner Seufzer.

Wenn seine Klara solche Aufforderungen aber zu oft wiederholte oder wenn es überhaupt sehr grundsätzlich wurde mit ihr, ging er besser in den Stramin.

Er soll übrigens auf eine sehr spezielle Art geseufzt haben. Die erste Hälfte des Seufzers drückte es ihm einfach so heraus, dagegen kam er nicht an. Weil er die Seufzerei aber schrecklich taktlos fand, versuchte er, wenn der Seufzer schon unbedingt aus der Kehle musste, wenigstens den halben Seufzer in einem Räuspern zu verstecken. Was es dann wieder nötig machte, irgendeinen Satz zu beginnen, denn wozu hätte er sich räuspern sollen, außer für einen frischen Satz? Auf diese Weise redete er manchmal mehr, als es zum Sagen gab.

Der Anatom Sömmering, er taucht nachher schon noch selber auf, hatte ihm erklärt, dass alle Menschen seufzen, dreizehnmal in der Stunde, er habe das nachgezählt. Die meisten merken es gar nicht. Höchstens die Stille merken sie gelegentlich, die nach einem Seufzer im Körper um sich greift.

Nein, ganz unmöglich. So kann es nicht gewesen sein.

Es kann unmöglich mit angeblich ungeschickten Perückenfingern und einem Frisierkabuff neben der Werkstatt mit der praktischen Perückenabschafferei angefangen haben, und noch weniger mit seiner anatomischen Theorie vom Gedankenmuskel. Die Theorie beweist ja nur im Nachhinein, dass man vorher das Richtige getan hat.

Im Gegenteil: Urgroßvater muss nicht nur zu Anfang ein besonders geschickter Perückenmacher gewesen sein. Hätte Kant, der wegen seiner umstürzlerischen Lehren auf ein gepflegtes Aussehen Wert legen musste, sich sonst von ihm eine Perücke machen lassen? Hätte er ihn an den heiklen Konsul Green weiterempfohlen? Im Leben nicht.

Und immerhin hatte Urgroßvater es zu einer eigenen Werkstatt und einem Haus gebracht. Zwar schimpfte Klara ständig, es sei kein Geld da, für nichts. Aber so reden die Frauen alle, das gehört zu ihren ehelichen Pflichten. In Wirklichkeit war das Perückenmachen auskömmlich. Seine sechs Kinder sind noch immer satt vom Tisch aufgestanden.

Es kann einfach nicht stimmen.

Die Perückenabschafferei muss wieder einmal ein neuer Anfang gewesen sein, eine Bruchlinie, die er vor sich hat rechtfertigen müssen. In der Stadt nannten sie ihn die *Hugenottentolle* oder auch *Monsieur Allonge*. Nennen sie dich so, weil du die Perücke abschaffen willst? In dem Namen steckt doch jede Menge Respekt vor der französischen Lebensart, vor der Eleganz, vor Urgroßvaters Takt, vor seinen geschickten Fingern.

Er hat die Perückenmacherei auf eine Spitze getrieben, die die ostpreußischen Pfahlbürger noch nicht gesehen hatten. Und von heute auf morgen, als wäre es gar nichts: Weg mit der Allonge, runter mit dem Putz, den Schädel frei und die Gedanken durchlüften? Selbst für einen wie Urgroßvater, der das frisch Anfangen gern gehabt hat, klingt das seltsam.

So ganz von heute auf morgen scheint es übrigens auch nicht gekommen zu sein.

In letzter Zeit erzählte Urgroßvater daheim, wie sehr das Perückenmachen ihn bedrückte, er hätte nicht sagen können, warum. Noch immer musste er mit Perücken das Leben der Familie verdienen. Das Runterscheren und die *façon* brachten bisher nichts ein.

Aber es bedrückte ihn eben, und so erzählte er los, nachdem er sich geräuspert hatte. Erzählte am Stück und so, wie er eigentlich alles erzählte: nüchtern und ohne jede Anklage, berichtsmäßig, sogar gegenüber den eigenen Fehlern.

Erzählte, wie das ist, wenn man dem Grafen die Perücke onduliert, und danach mit den Stallknechten in der Küche sitzt und Leute-Suppe vorgesetzt bekommt.

Worauf Urgroßmutter Klara die Schultern hochzog.

Ein bisschen sehr empfindsam war ihr Étienne schon. Sein Hugenottentum kam ihr albern vor, sie war Ostpreußin, zu Überspanntheiten neigen die nicht. Aber mitsamt seiner Empfindsamkeit blieb er ihr Étienne, unbedingt. Sechs Kinder hatte sie ihm geboren. Und nein, Leute-Suppe durfte man ihrem Étienne nicht hinstellen. Sie schmeckte ihm doch nicht.

Dass das Mädchen Johanne beim Leute-Suppe-Essen mit ihm am Küchentisch von Capustigall saß, erwähnte Urgroßvater nicht.

Das wird die Commission um Gottes Willen doch nicht aus ihm herauszerren wollen, die Capustigaller Küche, die Suppe, das Mädchen? Johanne. Mein Gott, nicht Johanne, bloß nicht.

Keiner hat ihn gekannt, sagt Tante Eva. Und die eigene Familie am wenigsten.

Es gibt kein Bild von Urgroßvater. Warum auch. Hängen ja bis auf den heutigen Tag genügend Träger seiner Perücken in den Herrenzimmern herum, Locken mehr als genug hat er in der Geschichte hinterlassen. Sonst braucht es nichts, um an den Perückenmacher und praktischen Philosophen der Zaghaftigkeit zu erinnern. Falls die Perücken überhaupt an ihn erinnern sollen. Recht wäre ihm das bestimmt nicht, nicht jedenfalls zu dieser Zeit, als ihn das Perückenabschaffen so sehr beschäftigte.

Ich stelle ihn mir als einen nicht sehr großen Mann vor, mit zarten Knochen und blauen Augen. Die linke Schulter hängt so tief herunter, als wolle er sie sich gleich, zusammen mit dem Frisiertuch, über den Arm werfen. Über seine Prinzipien redet er selten, er wechselt sie nur gelegentlich. Aber dass man überhaupt welche hat, das gibt er nicht auf. Hält sie behutsam am Zaum, wie junge Rückepferde, die man an die Arbeit gewöhnt.

Woher ich denn bloß diese Vorstellung nehme, fragt Mutter.

Behauptet Evchen das? Blaue Augen, ja, das stimmt, die hatte er wirklich. Ein törichtes Blau, wird meistens gesagt. Manche wieder sagen, es war ein warmes Blau. Weil es kein Bild von ihm gibt, leuchtet sein Augenblau nur in den Geschichten.

Der Augenfarbe geht es wie den anderen Familientatsachen. Die stecken in viel zu großen Erzählschuhen, weil die Schuhe grundsätzlich und wegen der Sparsamkeit auf Zuwachs gekauft werden.

Es braucht viel Zeit, oft mehr als ein Menschenleben, damit die Tatsachen in ihre Schuhe hineinwachsen. Müssen halt oft genug erzählt werden.

Ich setze mich neben Urgroßvater, wenn Tante Eva über das Verhör erzählt. Sie erzählt, wie alle in meiner Familie erzählen: als hätte sie danebengesessen. Mehr als dreihundert Jahre her? Aber ich habe doch genau gesehen, wie er sich die feuchten Hände an der Hose abwischt, also. Ich werde Urgroßvater schon ansehen, ob wirklich stimmt, was Eva sagt.

Während Urgroßvater auf sein Verhör wartet, gehe ich mit ihm in seinen zukünftigen Salon, den er nie haben wird, lasse mir die Einrichtung seines Traums zeigen.

Belebenden Kaffee wird er dort servieren, schwärmt er, *grand crème*, falls gewünscht. Auch Tee. In einem Samowar zubereitet, wie die russischen Nachbarn ihn hernehmen. Die Kultur des Wartens kennt keine Ländergrenzen. Auf zierlichen Beistelltischen wird er Zeitschriften auslegen: Die örtliche Postille, reichlich konservativ, aber die Kundschaft will à jour sein, was die lokalen Sensationen angeht; zwei Berliner Blätter, liberal fortschrittliche selbstverständlich; ein französisches *journal*, unbedingt, das ist er sich schuldig. Leichtes Gebäck wird er hinstellen. Das könnte *tarte tatin* sein, wenn der Herbst süße Äpfel bringt, *brioches à la framboise* im Frühjahr. *Viennoiserien* eben. Um Klara zu beruhigen, wird er die *Viennoiserien* in den Preis für die *façon* einrechnen. Und was übrig bleibt, bringt er sowieso den Kindern heim.

Ja, jetzt wenn du mit mir in deinem heiteren Salon auf und ab gehen dürftest. Aber vor der Commission wird nicht hin- und hergelaufen, sondern respektvoll gestanden. Wofür die Commission einen zur Rechenschaft ziehen will, weiß man erst, wenn sie es tut.

Was kann sie von ihm wollen? Was soll er denn zu sagen haben? Er schreibt keine aufklärerischen Pamphlete, höchstens mal ein winziges, taktvolles, nur für sich selber. Schließt sein Zimmer ab, liest das Geschriebene zwei- oder dreimal amüsiert durch, dann zerreißt er es. Witze über Friedrich Wilhelm macht er keine, obwohl das schwierig ist. Steuern hat er bezahlt. Was wollen sie, was können sie wollen von einem Friseur, dessen schlimmstes Vergehen darin besteht, dass er inwendig an der Abschaffung der Perücke arbeitet?

Was hat ihn, Herrgott, bloß auf diesen harten Stuhl gebracht? Doch nicht … also war es das Abendessen? Aber Abendessen außer Haus musste er häufig absolvieren, also welches von den vielen? Stimmt schon, da hatte es gelegentlich Abendessen mit Gästen und mit Gesprächen gegeben, die der Minister Woellner nicht billigen würde. Auch wenn er viele Einladungen ausschlug, wusste er doch aus Erzählungen, was dort beredet worden war. Sein Umgang überhaupt? Wird man es ihm anschreiben, dass er den Stützen der Gesellschaft Locken brennt? Dass er dem Grafen Keyserlingk die Perücke onduliert?

Klara hatte Urgroßvater ein Brot mit Wurst belegt und einen Apfel in Viertel geschnitten, einen Danziger Kantapfel, ja, die heißen so, ich kann das jetzt nicht einfach ändern. Die Vesper sollte er auf die Löbenichter Feste zum Verhör mitnehmen. Urgroßmutter wusste: Die Commission sucht gründlich, das zieht sich. Und dass er da jetzt hinmuss, das hat ihm sein Freund Kant eingetunkt, dieser gottlose Kant, der.

Kant ist nach außen hinaus das, was Urgroßvater nur inwendig ist — ein Philosoph. Und zwar von einer Sorte, wie sie auf dem einheimischen Kopfsteinpflaster bisher nicht hergewachsen ist. Ursprünglich müssen sie die in Frankreich gezüchtet haben. Scharf rasierte Ideen, die reinste Klingenschmiede unter der Schädeldecke. Die Gedanken, die sie der Welt aus den Rippen schneiden, wenden sie aufs tägliche Leben an, als könnte es anders gar nicht sein. Derart geschickt sind sie im Praktischen, dass sie sich inzwischen von der Aufklärerei ernähren können. Philosophie als ein Brotberuf wie Perückenmacher, Schlachter oder Täschner, das ist unerhört. Sagt Klara. Auch wenn von vollgefressenen Philosophen bisher nichts bekannt ist. Sagt Urgroßvater. Das wird damit zu tun haben, dass sie ihr komplettes Aufklärerleben vorne auf der Stuhlkante führen. Aufklärung läuft ja darauf hinaus, dass ein Kopf nicht schon deswegen fest auf den Hals geschraubt ist, weil beispielshalber irgendeine Fürstenkrone über die Perücke gestülpt wurde. Da wird es dann schnell persönlich.

Auf diese Art muss Urgroßvater das jedenfalls aufgefasst haben. Selber ist er lieber beim Inwendigen geblieben, hat versucht, Aufklärung so zu praktizieren, dass der andere gar nichts merkt davon, dass die Ideen sich einfach hineinschmeicheln.

Aufklärung, das muss man sagen, hat damals ihr Publikum gehabt. Aber ein hübsches Risiko hatte sie halt auch. Die Zeiten vertrugen einen guten Batzen Philosophie. Geschmeckt hat er nicht jedem.

Dass die Metaphysik unser kleines Leben in Stücke bricht, nur damit es danach anständiger und vernünftiger wieder zusammengesetzt werden kann, findet Urgroßmutter Klara gut. Warum sollte man sonst seine Zeit damit vertun?

Trotzdem, das weiß Urgroßvater, hat sie recht:

Mit Kant, das ist etwas Ungleiches, er hat Hemmungen, es Kant gegenüber eine Freundschaft zu nennen. Obendrein gefährlich. Für ihn. Für Kant weniger.

Kant bleibt nicht stehen beim Inwendigen wie Urgroßvater. Kant bringt sich ins Gespräch, macht sich und sein Denken zum Skandal. Seinem Beruf Aufmerksamkeit verschaffen, auch und gerade beim schönen Geschlecht, das kann er wirklich. Er hat einen Posten an der Universität, vielleicht ist es ja nur ein Pöstchen. Gegenüber Urgroßvater beklagt er sich, dass man ihm eine Stelle am Lehrstuhl für Dichtkunst anbietet, ihm, dem praktizierenden Metaphysiker, von dem die ganze Stadt redet.

Urgroßvater kennt sich in dem Wirrwarr nicht aus. Im akademischen Leben geht es scheints weniger übersichtlich zu als in der Friseurzunft. Bei den Perückenmachern kommt ganz unten der Lehrling, in der Mitte der Geselle, oben der Meister, sehr übersichtlich für jeden. Und keiner käme auf den Gedanken, dem Perückengesellen die Stelle eines Schlachtermeisters anzutragen.

An der Universität dagegen ist man immer das, was man gerade nicht ist, und ein Maul musst du haben wie ein Schwert, sonst kommst du nicht durch.

Die Freundschaft mit Kant allein wird ihn nicht hergebracht haben auf den harten Stuhl vor dem Verhörzimmer. Metaphysik an sich ist ja commissionsfest.

Der Radiergummi. Der wird es sein. Über Kants Radiergummiprojekt wird die Commission ihn ausholen, da ist er sich plötzlich ganz sicher.

Mit dem Radiergummiprojekt wird Kant beweisen, dass eine aufgeklärte Metaphysik gut ist fürs Geschäft. Es braucht kein Rittergut samt hörigen Bauern vom Vater, keine alten Beziehungen. Ein kalter Gedanke, eine aufgeklärte Metaphysik und ein tüchtiger Unternehmergeist, das reicht für Handel und Wandel.

Selbstverständlich macht dich das zum Konkurrenten für Woellner und damit verdächtig. Es genügt das Gerücht, du könntest einen Reibach in Aussicht haben, schon zerrt Woellner dich vor seine Commission. Da will er dann Kalkulationen, Geschäftsbeziehungen und Lieferscheine sehen. Fragt so lange, bis er genug weiß, damit er das Geschäft selbst machen kann. Sein Vorwand: Dein Glauben kommt ihm wacklig vor, du bist ein Gotteszweifler, ein Aufklärer und Raffzahn, das geht eh schon in einem. Während die Commission mit dem einem Auge auf deinen Glauben schaut, schaut sie mit dem anderen auf deine Bilanz.

4

Dreh doch den Kopf, Urgroßvater. Schau, wie die Oktobersonne ihre Hand auf die Stadt legt, damit die nicht davonzieht mit dem Pregelfluss.

Statt dass du ruhig der Stadt und dem Fluss zusiehst, musst du erleben, dass sich jetzt eine Gestalt auf dem Holzstuhl neben dir niederlässt.

Ist wie ein Schatten den Gang entlanggekommen. Erst als der Nachbarstuhl knarzt, bemerkt Urgroßvater die Figur. Vermutlich der nächste, den die Commission befragen will. Zu seinem, Étienne Lennés, Fall? Zu Kant? Zu einem ganz anderen Fall? Die sind doch pausenlos am Stochern und Bloßstellen.

Die Figur riecht wie feuchtes Mäusefell und, Urgroßvater wendet den Kopf zu ihm herum, so sieht der Mann auch aus. Demnach: ein Spitzel. Was denn sonst.

Das Mäusefell faselt sofort los. Irgendwas davon, dass der ungewöhnlich warme Herbst der Herold eines strengen Winters sei. Wahrscheinlich werde man die Steckrüben früher herausholen müssen. Seine Hände sehen nicht aus, als wüssten sie, wie Steckrübenziehen geht.

Ein Herold, ja so. Urgroßvater nickt.

Noch während er weitere wetterkundliche Gewissheiten mit dem Spitzel wechselt, überlegt er, wie er den Mann behandeln soll.

Ihm eine unverbindliche Plauderei verweigern? Dann weiß der doch, man hat begriffen, warum Minister Woellner ihn hierher setzt. Woher würde ein braver hugenottischer Friseur denn so etwas wissen? Friedliche Städter ahnen nicht einmal, wofür man das hernimmt: einen Spitzel.

Das Mäusefell redet ohne Pause. Man muss achtgeben, dass man nichts überhört. Manchmal setzt Woellner nämlich Provokateure auf einen an. Die schmuggeln Sätze in ihr Geschwätz ein, die auf der Stelle zurückgewiesen werden müssen. Einfach nur die Ohren zuklappen geht nicht.

Die Tür zum Verhörzimmer öffnet sich, ein Kanzlist erscheint. Schaut prüfend den Gang nach rechts hinunter, schaut den Gang nach links. Sprungbereit, die Lehnen nach vorn geneigt, hoffen die Holzstühle, endlich an die Reihe zu kommen.

Aber der Kanzlistenblick geht über sie hinweg. Auch über das Mäusefell. Bleibt an Urgroßvater hängen.

Dann lächelt der Kanzlist, als hätte er einen schillernden Käfer entdeckt. Zwei Finger zeigen auf Urgroßvaters Mittelscheitel. Seine Perücke trägt Urgroßvater nämlich heute nicht. Auch wenn Klara ihn deshalb geschimpft hatte, so viel Aufklärerstolz verlangt er von sich. Die Warterei ist zu Ende, endlich.

Urgroßvater steht auf.

Der Kanzlist wackelt verneinend mit dem Zeigefinger, wendet sich um.

Die Tür schießt sich mit einem Furz.

Urgroßvater setzt sich wieder auf seinen Holzstuhl.

War es richtig gewesen, die Perücke zu Hause zu lassen? Macht er vielleicht zu viel Gewese um das Perückentragen, und die Menschen seiner Zeit haben ganz andere Sorgen? Und für ihn selber wäre die Perückenabschafferei nichts weiter als eine auf links gewendete Eitelkeit? Wie oft er darüber nachgegrübelt hat.

Bei amtlichen Anlässen stellte Urgroßvater die *façon* nachdrücklich zur Schau. Sollte ruhig jeder an der fehlenden Perücke seine Freiheitsliebe ablesen. Die hatte ja unübersehbare Zeichen auf dem Kopf des Perückenmachers hinterlassen: Sein Haupthaar lichtete sich weit vor der Zeit. Der Mittelscheitel ein blasser Streifen, von dessen Böschung das Haar die kurze Strecke zu den Ohren glatt hinunterstrebte, über deren Oberrand es traurig hinausstand.

Nur gab es nicht viele amtlichen Anlässe, bei denen er die Perücke hätte heruntertun können. Genau genommen war das Verhör der einzige Anlass.

Deine Fassong, Étienne, ermuntert wirklich keinen, dass er sie gegen die Perücke austauscht, sagte Urgroßmutter vor dem Zubettgehen. Wer will schon wie eine gerupfte Henne herumlaufen? Und was du tagsüber als Werktagsperücke aufsetzt, ist auch nicht sehr kleidsam. Warum belebst du den Geschäftsgang nicht, indem du selbst eine lockige Allonge trägst. Unsere Kinder müssen nicht nur essen. Sie wollen größer werden und einmal ein Leben haben, das kostet. Denkst du gelegentlich daran?

Natürlich dachte Urgroßvater daran. Genauso wie er an seine ewigen Mittelohrentzündungen dachte, die ihn quälten, sobald er die Perücke abnahm und sich dabei den Kopf verkühlte. Die entzündeten Ohren halfen ihm aber auch, Dinge falsch zu verstehen, man kann auf seine Ohren deuten und mit den Schultern zucken, das hilft manchmal. Oft rieb er sich erst das Ohr, dann die Nase und streichelte schließlich seine Fingerbeeren. Die Reihenfolge hielt er unbedingt ein.

Jetzt jedenfalls hatte er einen Spitzel neben sich, der redete, als bekäme er die Silben einzeln bezahlt. Während Urgroßvater in sich hineingrub und suchte, was er der Commission auftischen könnte, ohne die wirkliche Wunde aufzureißen.

Der Afrikanische Abend seines Freundes Kant. Käme der verhörmäßig in Frage? Wen verriet er schon, wenn er die Teilnehmer namentlich aufzählte und sagte, worüber sie gesprochen hatten. Das wäre doch eine Enthüllung, die niemandem wehtat. Jeder wusste, wer dabei gewesen, und worum es gegangen war, ganz Königsberg redete von dem Abend.

Der Afrikaabend war Motherbys Idee gewesen, er hatte sie bei einer Versammlung der Anteilseigner von Greens Kautschukgesellschaft aufgebracht. Versammeln taten sich bei dieser Gelegenheit Konsul Green, Kant und Mister Motherby. Die anderen Eigner besaßen ohnehin nur stimmrechtslose Aktien und großes Vertrauen in die drei.

Konsul Green hatte einen Überblick über den *state of affairs* gegeben:

Der Werftbau kam nicht voran, nutzlos stapelten sich die Holzstämme immer höher, faulten, noch bevor sie bezahlt waren. Auf sein Geheiß hin hatten die englischen Arbeiter im Pillauer Hafen das Modell einer Werft aufgebaut, eine Puppenstube, die im Maßstab eins zu zehn das darstellen sollte, was der Konsul später einmal für seine Kautschukschiffe hinstellen würde.

Interessenten und künftige Anteilseigner ließ der Konsul nach Pillau kutschieren, wo sie rothaarigen Engländern zusehen konnten, wie diese Balken für ihre Puppenstube zurechtlegten, nachmaßen, noch einmal sägten, bis sie ineinander zu passen schienen, und sich dabei unbegreifliche englische Aufforderungen zubrüllten und Lieder sangen, *shanties* sagte Greens Sekretär, er machte den Fremdenführer.

Zum Abschluss der Besichtigung ließ der Konsul eine kräftige Mahlzeit und größere Mengen eines Getränks, das er Whisky nannte, servieren. Mit brennenden Kehlen und ebensolchem Kaufinteresse fuhren die Herren zurück in die Stadt.

Anschließend zersägten die Engländer das Holz in kleine Scheite und legten ein paar unbehandelte Stämme für die nächste Interessentengruppe zurecht.

Würde man von Glaube, Liebe, Hoffnung satt, hätte man sagen können, die Geschäfte liefen gut. Am Anfang müsse man stets etwas wagen und, ach was, so gesehen könne man durchaus zufrieden sein, meinte der Konsul. Es war ein famoser Gedanke gewesen, an die Tradition der *Brandenburgisch-Afrikanischen-Amerikanischen Compagnie von 1682* anzuknüpfen. Die Tradition stammte zwar nicht aus Hull, und in Pillau erinnerte man sich an nichts. Aber Tradition ist unbezahlbar, wenn es ums Geschäft geht. Die Stimmung für die stimmrechtslosen Vorzugsaktien entwickelte sich zur allseitigen Zufriedenheit, doch, unbedingt tat sie das.

Weniger flott kam die Sache der Bauernbefreiung voran. Da brauchte es noch ein paar flammende Vorträge in Capustigall.

Überhaupt, sagte der Konsul, die Frische, die man beim Beginnen gespürt hatte, war verlorengegangen. Man musste nachlegen, die Enttäuschung bekämpfen. Einen langen Atem haben, Visionen. Wie weit Kant mit der Physischen Geographie sei? Fast fertig? Ausgezeichnet. Wenn man die Physische Geographie zum Gesprächsthema machen könne, das sei der Schlüssel. Damit die Menschen wissen, wofür sie ihre Anteile kaufen. Ein Anteilsschein auf die Zukunft.

Wie stets war Mister Motherby in der Versammlung der Anteilseigner geradezu redselig geworden, der Block grüner Zettel blieb unbeschrieben. Das erzählte Kant hinterher Urgroßvater, sagte, dass ihm dieser Motherby eigentlich nicht richtig, na ja, aber erfolgreich eben. Nicht geheuer, aber doch sehr erfolgreich, kein Zweifel. Das entschuldigt eigentlich alles.

Motherby hatte vorgeschlagen, wobei er sich für seine Verhältnisse richtig in Rage geredet hatte, Kant solle zur Ankurbelung der Kautschukkampagne einen Afrikanischen Abend veranstalten. Einen Schwarzen Abend, sagte er, was Kant unpassend fand. Er müsse die Gäste ganz sinnlich auf den finsteren Kontinent versetzen, eine Aufbruchsstimmung ins Schwarze erzeugen. Die Leute müssten sich vorkommen wie die Bernsteintropfen in Konsul Greens Anzugtaschen. Essen, Trinken, Gewänder, alles ganz authentisch, vielleicht solle man die Keyserlingks fragen, ob sie einen Mohren ausleihen könnten.

Konsul Green war hingerissen, offensichtlich vervollständigte er seine Kontorsnüchternheit mit einer enormen Begeisterungsfähigkeit.

Famos, *my goodness*, tatsächlich. Er werde von Hull ein paar Ballen weißer Leinwand ordern und bei Krebs daraus Tropenuniformen schneidern lassen. In die werde er seine Werftarbeiter stecken, sie sollten am Afrikanischen Abend Spalier bilden vor Kants Haus und danach die Speisen auftragen. Anschließend könnten seine Arbeiter sich die Tropenuniform gegen ein kleines Entgelt für ihre Feierabendvergnügen ausleihen, das wäre ein Anreiz.

Ja, ja, sagte Motherby. Entscheidend für den Erfolg sei allerdings gar nicht der Abend selbst, entscheidend sei, dass jeder über diese Einladung bei Kant redete, aber dass keiner wisse, wie man dorthin eingeladen werde, Zugangsbeschränkung, Exklusivität. Ist der Zugang beschränkt, will jeder dabei sein. Die Einladungsliste sei sofort geschlossen worden, muss verbreitet werden, höchstens hintenrum, man könne sich ja mal erkundigen.

Kant fand die angelsächsische Mischung aus Geschäftstüchtigkeit und abwegigen Ideen nicht sehr verführerisch, albern geradezu. Trotzdem würde er den Abend veranstalten. Erklärte sich zögernd bereit, Jungfer Fritz die Aufgabe zuzuteilen, den Afrikanischen Abend zum Stadtgespräch zu machen. In dieser Hinsicht könne man auf sie bauen.

Am Ende wies Mister Motherby, hinter der Kindermaske arbeitete wirklich ein unermüdliches Hirn, noch auf das Kochbuch hin.

Welches Kochbuch?, hatte der Konsul gefragt.

Das afrikanische natürlich, welches sonst?

Aha, also gibt es da ein afrikanisches Kochbuch?

Mister Motherby, der es seltsam fand, dass zwei so kluge Männer wie Kant und Green derart schwer von Begriff sein konnten, erläuterte:

Nein, ein afrikanisches Kochbuch gebe es selbstverständlich nicht, und, meine Güte, er habe auch nicht die Absicht eines zu schreiben. Aber Jungfer Fritz solle tüchtig herumerzählen, dass sie für den Afrikanischen Abend Gerichte aus diesem Kochbuch zubereiten werde, ganz authentisch.

Welches Kochbuch, werde sie gefragt werden? Was, Sie kennen das Buch gar nicht? Oh Gott, dann hat die Zensur es wohl schon beschlagnahmt, solle sie murmeln.

Und dann, hinter vorgehaltener Hand: Ein Kochbuch sei es ja eigentlich gar nicht, eher ein Reisebericht über wüste ostafrikanische Landstriche. Mehr zur Auflockerung enthalte der Reisebericht Rezepte für Speisen mit Yams-Wurzeln, Sorghum und Affenfleisch. Und, wie aufregend, der Minister Woellner habe es auf die Zensurliste seiner Commission gesetzt.

Denn erstens wolle der Minister ja bekanntlich nicht, dass man in Brandenburg und Ostpreußen Dinge schmort, die in unseren gemäßigten Gegenden nicht auf den Bäumen wachsen, Yams-Wurzeln etwa oder Affen. Außerdem schildere das sogenannte Kochbuch ausführlich, wie dort unten diese Speisen von halbnackten Jungfrauen zubereitet werden, auch das werde ostpreußischerseits missbilligt. Im Übrigen kämen in dem Machwerk auch noch andere Gemeinheiten vor, Genaueres wisse keiner. Durch einen Zufall, auf den sie jetzt nicht näher eingehen dürfe, habe Jungfer Fritz sich ein paar besonders saftige Rezepte abschreiben können, inzwischen halte die Zensur die Hand drauf. Also, das werde im Hause Kant an dem geplanten Afrikanischen Abend aufgetischt, na ja, Tisch, hach, man werde schon sehen.

Famos, sagte der Konsul, Motherby, Sie sind ein wahrer Meister.

Kant zuckte mit den Schultern. Den Begriff Meister fand er in diesem Zusammenhang übertrieben. Reiseberichte aus Afrika, schwüle Abenteuergeschichten, davon kannte er genug. Hat man einen gelesen, kennt man sie alle, samt den ekelerregenden Speisen, die in jedem dieser Erlebnisberichte zuverlässig auftauchen. Aber besser man lernt die Welt durch solches zusammenphantasiertes Zeug kennen als gar nicht. Ein Körnchen Wahrheit steckt immer drin, der Philosoph ist ja ausgebildet, Körner aufzuspüren. Der Zusammenhang zwischen den schmorenden schwarzen Jungfrauen und der Physischen Geographie liegt auf der Hand. Jungfer Fritz wird die Sache hingebungsvoll ausschmücken, das Gerücht über das Kochbuch wird seinen Hörsaal zum Bersten bringen.

Nun, in der Tat, eine elegante Geschäftsidee, mein lieber Motherby, *chapeau*!

5

Eine Woche, bevor der Afrikanische Abend stattfinden sollte, hatte der Konsul seinen Werftleuten angeschafft, um Kants Haus herum einen Absperrzaun hinzustellen.

Natürlich würde gefragt werden: Was ist das für ein merkwürdiges Geländer? Darauf sollte Jungfer Fritz dann sagen, man erwarte einen derartigen Ansturm von Neugierigen, da müsse man Vorkehrungen. Ein Harem oder Serail oder wie das halt heiße, was an dem Abend geplant sei, sie stamme ja nun weiß Gott nicht da her und kenne sich damit nicht richtig aus, also so etwas errege natürlich das Gemüt, deswegen … muss ich wirklich noch deutlicher werden?

Musste sie nicht.

Die weißen Tropenkostüme für die Werftleute hatte Schneider Krebs sehr ansprechend ausgeführt. Der Ruß der Kienspanfackeln, die die spalierstehenden Männer in den harten Händen hielten, verschmutzte die Kostüme allerdings im Handumdrehen. Richtig klappen wollte es mit dem Fackel-Spalier ohnehin nicht, Jungfer Fritz hatte den Männern ein bisschen reichlich Kartoffelschnaps verabfolgt, das Spalier schwankte. Aus demselben Grund waren die Männer auch nicht in der Lage, wie vorgesehen, in ihrer Uniform und mit weißen Handschuhen Kants Gästen die Speisen aufzutragen. Sie saßen in der Küche, tranken, forderten die mit Würsten beschäftigte Jungfer Fritz zu irgendwelchen unsäglichen Dingen auf, die sie wegen der fremden Sprache glücklicherweise nicht verstand, und sangen *shanties*, bis Konsul Green sie zurück nach Pillau schaffen ließ.

Damit Sie verstehen, wie Urgroßvater auf die Liste der illustren Gäste für diesen Afrikanischen Abend geraten war, muss ich berichten, wie Étienne Lenné, mein Urgroßvater, und Herr Kant sich kennengelernt hatten.

Herr Kant ist ja nun nicht irgendwer. Man nennt geläufig seinen Namen, man erkennt ihn und weiß alles von ihm. Begegnet man ihm beim Spazierengehen am Pregelufer, dann stößt man sich an, zeigt auf die zarte Figur, die sich scharf wie ein Scherenschnitt gegen die Ufermauer abzeichnet.

Man zwickt sich Zeit von den Tagespflichten ab, nur, damit man in seine Vorlesung gehen kann. Am helllichten Tag sitzen dort Kaufleute, Reeder, Kontoristen, sogar Viehhändler. In der Kladde, in die sie sonst die Preise für Holz, Hering, Rüben und Rindvieh schreiben, machen sie sich während der Vorlesung Notizen. Hinterher können sie oft nur den Kopf darüber schütteln. In der Vorlesung waren die Argumente noch so zwingend gewesen, jetzt sind sie irgendwie dünn, unleserlich, wahrscheinlich hat man vor lauter Aufschreiben den springenden Punkt verpasst.

Hausfrauen, Baroninnen, Gutsverwalter, Forstmeister, Gymnasiallehrer, alle wollen sie den Doktor Kant hören und von ihm lernen. Lernen, wie man sein tägliches Leben verbessert oder wenigstens: rechtfertigt. Das wollen sie ernsthaft, auch weil Kant ihnen erklärt hat, ab jetzt seien sie für sich selbst verantwortlich.

Die Welt, bringt Kant ihnen bei, war nicht immer so, wie wir uns das, am befestigten Pregelufer sitzend, gerne ausmalen. Wüst und leer war sie, und erst nach und nach füllte sie sich mit Gedanken. In manchen Gegenden der Welt ging es mit dem Anfüllen schneller voran, weil Klima, Bodenbeschaffenheit oder Not es einfach erzwangen, in anderen Gegenden musste man nicht viel nachdenken, weil einem dort die Früchte in den Mund wachsen.

Klein, scharf ausgeschnitten hinter seinem Vortragspult, stellt Kant den Händlern, Handwerkern und Baroninnen die Welt in ihrer prallen Sinnlichkeit vor Augen. Auf der Stelle möchte man losziehen, um sie in die Finger zu kriegen. *Begreifen*, Kant meint das ganz wörtlich. Gesetz, praktische Vernunft und Urteilskraft, sogar Metaphysik und Kritik scheinen dabei hilfreich zu sein.

Wenn Kant von Logik redet, weiß jeder, wer gemeint ist. Keiner räsoniert derart unerschrocken über Pfaffen und Fürsten. Als Adam grub und Eva spann, wo war denn da … Und übers Ausradieren. Darüber, wie die Aufklärung jetzt die alten Fehler ausradiert und die Welt gescheiter einrichtet, anfüllt mit klaren, folgerichtigen Gedanken. Gerade, dass man die alte Welt darunter als ausradierten Schatten noch erkennt.

Richtig Gänsehaut bekommt man beim Zuhören. Am liebsten würde man augenblicklich aus dem Hörsaal rennen und ein kühnes Angebot auf indische Baumwolle abgeben. Wenn einer der Tuchhändler sich unauffällig davonstiehlt, das passiert manchmal mitten in der Vorlesung, stehen die anderen auf und rennen ihm nach.

Kant macht sich einen Spaß daraus, nachzuprüfen, ob der Verstand seiner Zuhörer ihm folgt.

Meinem Urgroßvater, zum Beispiel, hat er erklärt, er halte eigentlich nur deswegen Vorlesung, damit er derart bekannt werde, dass am Ende die Herrschaften vom alten Adel und vom neuen Geld nicht mehr um ihn herumkämen. Zwingen werde er sie, ihn zu engagieren. Hauslehrer, Vorzeigephilosoph, Unterhaltungsmetaphysiker, Hofmeister – sei ihm doch gleich, als was sie ihn in ihren Haushaltsbüchern verbuchten. Von mir aus auch als Hofnarr. Zu spät würden sie merken, welch umstürzende Überzeugung er ihren Sprösslingen und ihrer Salonstaffage inokuliere. Eines schönen Morgens würden sie aufwachen, sich die Augen reiben und aufgeklärte Bürger sein.

Citoyens, murmelte Urgroßvater. Kant nickte.

Der Philosoph besteht darauf: Dass die Städter ihn schätzen, dass sie in seine Vorlesung strömen, ja natürlich, reizend ist das. Aber um ernsthaft etwas im Sinn der Aufklärung zu verändern, muss man wissen, wo man den Hebel einsetzt. Oben nämlich, ganz weit oben.

Praktische Folge im Beipack: Hat er sich in den adligen Salons etabliert, findet er weitere zahlungskräftige Gesellschafter für das Radiergummiprojekt. Und für die Kautschukgesellschaft, das hängt ja eng zusammen.

Ob Kant ernst meint, was er da sagt, weiß Urgroßvater nicht.

Aber in Kant wird allmählich ein Freundschaftsgefühl für Urgroßvater hochgestiegen sein, die Prüfung auf Geistesgegenwart war bestanden, und Kant setzte Urgroßvater auseinander, was er in den adligen Salons wirklich suchte: Unabhängigkeit, finanzielle Freiheit, darum gehe es ihm. Unabhängig sein von den Launen eines Ministers Woellner und seines königlichen Dienstherrn, der ihm jederzeit sein Universitätsgehalt kürzen oder ganz streichen lassen konnte, keine Angst mehr haben zu müssen vor dem Blitzschlag aus den Gewölken der Hofluft, der einen widerständigen Denker wie ihn jederzeit treffen konnte, ja, irgendwann unweigerlich treffen werde. Alles, was man sagt, muss wahr sein, erklärt Kant seinem Perückenmacher. Nur ist es darum nicht zugleich schon Pflicht, alle Wahrheit öffentlich zu sagen. Die Salons verschaffen mir die Möglichkeit, ohne Gehaltsrücksichten offen, aber zugleich auch nicht-öffentlich, zu sagen, was ich für richtig halte, und zu schweigen, wovon ich schweigen möchte.

Es wird Urgroßvater erleichtert haben, dass sein Freund ihm das erklärt hat und er nicht weiter nachbohren musste. Hintersinn machte ihn hilflos. Darüber lachen sie in meiner Familie bis heute. Als wenn man das Leben ernst nehmen dürfte. Urgroßvater hat ja gar nicht gewusst, wie man einen Hintersinn hält. Selbst hat er keinen gehabt, und bei anderen hat er deswegen auch keinen vermutet. In so einem Fall, also wenn er auf ein hintersinniges Menschenexemplar traf, fragte er sonst nach, einmal fragte er, zweimal. Er würde auch weiter gefragt haben, er würde nicht aufgehört haben mit der Fragerei, wäre er nicht derart taktvoll gewesen. Die Hugenotten haben das Taktgefühl erfunden, weiß jeder. Man fragt nicht so lang, bis der andere glaubt, er wäre zu dumm, sich ehrlich und klar auszudrücken.

Kann man ein taktvolles, ein höfliches Verhältnis zur Wahrheit haben? Ich weiß es nicht, und Urgroßvater hat darüber vielleicht gar nicht nachgedacht. Es wird aber schon eine Bedeutung gehabt haben, dass ihm trotz seiner ewigen Ohrentzündungen Kirchenchoräle so lieb waren. Das sagte er seinem Freund Kant besser nicht. Wenn er das Herz und Mund und Tat und Leben hörte, dann vergaß er die Ohrenschmerzen, er wusste nie, ob es die Musik war oder die erste Zeile, nur die erste, die ihn so sehr erschütterte. Dass ihn erste Zeilen manchmal so trafen, konnte er sich nicht erklären.

Ich denke, Urgroßvaters unerschütterliche Höflichkeit hing mit seinem Glauben an das Los zusammen. Vorbestimmtheit und Höflichkeit, das hat er als zwei Seiten derselben Sache angesehen. Was einem zugelost ist, mit Würde annehmen, mit einer gewissen Hugenottischheit annehmen, falls man das schafft, genau das heißt: höflich sein. Höflich ist man, weil man weiß, alles ist gut, wie es ist, weil es so sein muss und nur gerade so sein kann. Die Freiheit der Aufklärung ist Urgroßvater nicht nur willkommen gewesen, sie ist ihm manchmal schon auch richtig unbequem geworden. Und verdächtig wegen dem, was vielleicht gar kein Hintersinn war oder doch einer war, jedenfalls darauf hinauslief, dass oft das Eine geredet, und das Andere gemacht wurde.

Gutgläubig, hilflos, zerrissen und höflich war Urgroßvater Étienne, alles auf einen Hieb. Aber am Ende auch: unbekümmert.

Widersprüche, mit denen er partout nicht zurechtkam, verstaute er in einem gut verschließbaren Hirnsäckchen. Sollten sie im Dunklen warten oder keimen, bis er sie irgendwann einmal begriff.

Bei seinem Freund Kant hielt Urgroßvater sich nicht an das, was ihm widersprüchlich und unbegreiflich vorkam. Sondern an das, was er an ihm aufrichtig bewunderte: Den kalten, beinah rücksichtslosen Verstand, die zupackende Lebensfreude, die – ja, die Sinnlichkeit dieses zarten Mannes. Kant war witzig und, in Grenzen, verschwenderisch. Hielt sich, wie jeder Geschäftsmann der Stadt, eine Geliebte, die rundlich glänzende Jungfer Fritz, sie selbst sagte immer: Ich bin die Fritzin. Ob sie ganz handfest seine Geliebte war, oder nur dem Buchstaben nach, weiß ich natürlich nicht. In jedem Fall soll sie eine verlässliche Freundin Kants gewesen sein. Kant wird nichts dagegen gehabt haben, wenn man ihn als einen ansah, der durchaus imstande ist, sich eine Geliebte zu halten.

Außerdem hatte er einen Diener mit Nachnamen Lampe, der ihn auf die Redouten bringen musste, die er fleißig besuchte. Dort führte er den Damen seine Tanzkünste, sein Billardspiel und seine flinke Zunge vor.

6

Zu der ungewöhnlichen Freundschaft zwischen meinem Urgroßvater, dem Perückenabschaffer mit den ewig entzündeten Mittel-
ohren, und Kant, dem Großdenker und Perückenträger, war es ja
unverhofft gekommen. Wenn es überhaupt eine Freundschaft war.
Tante Eva meint, Klara hatte schon recht: Eine Freundschaft war das
nicht, ganz einseitige Sache.

Eines Tages tauchte Kant unangemeldet in Urgroßvaters Perückenwerkstatt in der Bulatengasse auf. Urgroßvater betrieb kein
Ladengeschäft mit Auslage, seine Adresse in der Bulatengasse
musste man erst einmal erfragen, unscheinbarer Eingang über den
Hinterhof. Kant behauptete, er habe von dem, nun, wie dürfe er
ihn nennen: dem demokratischen? republikanischen? diskret radi-
kalen? Friseursalon munkeln gehört. Man behaupte, Urgroßvater
habe so einen Salon neben der eigentlichen Werkstatt eingerichtet,
Treffpunkt von Aufklärern und anderen Unbeugsamen. Unter den
Freunden der neuen Zeit, Monsieur Lenné wisse das möglicherweise gar nicht, sei der Frisiersalon kein Geheimnis. Man rede darüber, lobe Monsieur Lennés Konsequenz was die *façon* – mit Cedille,
nicht wahr? – betreffe, er müsse Monsieur Lenné bestimmt nicht
darüber belehren, dass die *façon* ihren Ursprung im lateinischen
Wort für Tun und Handeln habe, nein, keine falsche Bescheidenheit
jetzt, wenn ich bitten darf. Diese Institution wolle er ausprobieren,
Ehrensache.

Urgroßvater wand sich. Eigentlich ließ er nur gute Bekannte und
Eingeweihte in sein Frisierkabuff. Aber den Gottvater der Aufklärung aussperren?

Er zögerte, redete herum, tat, als müsse er erst noch unbedingt
ein paar Locken in diese prominente Allongeperücke für, ja, für wen
denn gleich?, brennen.

Erlag dann aber dem Charme Kants, der, wie gesagt, ein kleiner, sehr zarter Mann war, genau wie Urgroßvater, und daherreden hat er gekonnt wie ein Lausbub, der den anderen dazu überredet, dass sie im Nachbargarten Äpfel stehlen.

Am Ende schloss Urgroßvater natürlich sein heiliges Kabuff für Kant auf.

Der sah sich neugierig in dem schmucklosen Raum um, wiegte kennerisch den Kopf hin und her, erkannte etwas Besonderes.

Damit fing ihre Freundschaft an.

Jedenfalls das, was Urgroßvater meine Freundschaft mit Herrn Doktor Kant nannte, gelegentlich auch mal unsere Aufklärungsbruderschaft. Ein gedrechseltes Wort. Aber er benutzte es eh nur im Gespräch mit sich selbst, oder höchstens, wenn er mit Klara redete.

Die schnaubte auf das hin laut durch die Nase.

Nach gründlicher Besichtigung des Frisierkabuffs kam eine *façon* für Kant dann doch nicht in Frage. Denn – wie soll man sagen? – da gab es nichts, was in *façon* hätte gebracht werden wollen. Ein haarloser, seitlich breit ausladender Schädel mit ein paar entzündeten Pickeln obendrauf, das war alles.

Die beiden diskutierten das Problem unter allen Blickwinkeln.

Aus seiner Berufserfahrung heraus wusste Urgroßvater: Eine *façon* würde dieser Schädel nie mehr brauchen. Aber weil er es, wegen seiner hugenottischen Höflichkeit, nicht übers Herz brachte, das dem armen Kant ins Gesicht hinein zu sagen, schlug er ihm eine *Übergangslösung*, Übergang wozu? vor: Eine Perücke aus behutsam entfetteter, ungesponnener Schafwolle, mit Gerstenmehl gepudert, die fleischigen Ohren würde er freilassen und auch den Nacken natürlich. Eine Zusammenfassung von Freiheitsliebe und Sinn für höhere Ordnung, einfach über den nackten Schädel zu stülpen, gewiss nichts höfisch Elegantes, nichts in Richtung Allonge, keine Sorge. Er würde sie so nähen, dass man an Robespierre, also mehr in diese Richtung.

Wer Kant mit seiner Übergangslösung auf dem Kopf am Pregelufer spazieren sehe, der werde unwillkürlich an die *volonté générale* denken müssen. Durch diese Übergangslösung, das würde man auf den ersten Blick begreifen, brechen sich widerständige Gedanken Bahn.

Kant war einverstanden. Auf seinem Schädel, der vor Gedanken barst, die Perücke eines leidenschaftlichen Perückenabschaffers herumtragen, das hatte etwas.

Urgroßvater hätte gerne gehabt, dass Kant die Schafwolle als eine höfliche Geste von seiner Seite aus verstand. Denn im Grunde widersprach das Ding selbstverständlich Urgroßvaters Überzeugung, von der er gerade im Fall des großen Philosophen ungern abwich. Ein kahler Schädel ist ja keine Schande. Im Gegenteil. Da kann die kalte Luft fröhlich durch die Gedanken pfeifen und sie abhärten.

In der Familie tun sie so, als ob der arme Étienne dumm gestorben wäre, hätte Kant nicht die Aufklärung in sein Frisierkabuff gebracht.

Da unterschätzen sie Urgroßvater. Auf die Sache mit den Gedankenmuskeln, auf die *façon* und sein Kabuff, darauf ist er ganz allein gekommen. Das ergab sich zwingend aus seiner Lebenserfahrung, eine Aufklärung hat er dafür nicht gebraucht. Kant hat Urgroßvaters Lebensbrocken nur durcheinandergeschüttelt und ein paar neue Begriffe dazwischengeschmissen. Ich glaube, Urgroßvater hat den Kant ernster genommen, viel mehr beim Wort gepackt als die anderen. Herz und Mund und Tat und Leben.

Feinfühlig, wie er war, spürte Kant, dass Urgroßvater nicht glücklich darüber war, dass er ihm jetzt ohne weiteren Kommentar eine Schafwollperücke nähen sollte. Er drang in Urgroßvater. Der machte Andeutungen, blieb aber unklar. Kant begriff, nickte, wog Urgroßvaters hugenottenhöfliche Andeutungen, die allgemeine Perückenabschaffung betreffend. Fand, sie hätten ihren Platz, durchaus hätten sie den.

Fragte dann sehr abschließend, wann er die Perücke abholen lassen könne, er werde seinen Herrn Lampe schicken.

In der nächsten Vorlesung spricht Kant darüber, wie schwer es uns fällt, den Gedanken der Freiheit zu fassen. Dafür würde es sich nötig machen, die Perücke abzunehmen, um einem solchen Gedanken Raum und Unbeschwertheit zu verschaffen, ein erster wichtiger Schritt wäre das, auch symbolische Schritte sind Schritte. Das macht er gerne: An irgendeine alltägliche Erfahrung anknüpfen, eine Logik-Schnur von der Schafwolle über das Gerstenmehl bis hin zur Sittlichkeit knüpfen.

Der größte Teil der Menschheit, führt er das Argument weiter, vor allem – Kant schaut die Damen in der ersten Reihe an – das schöne Geschlecht, halte interessanterweise zwar die regelmäßige Durchlüftung der Bettwäsche für nötig, die Durchlüftung unserer abgebrauchten Gedanken aber für entbehrlich. Überhaupt werde das ganze Unternehmen der Mündigkeit weiblicherseits als gefährlich und beschwerlich angesehen. Natürlich fänden sich stets Vormünder genug, denen solche Zaghaftigkeit wunderbar in den Plan passe. Sie brächten ihrem weiblichen Hausvieh erst bei, es sei dumm, und verhüteten anschließend, dass die derart abgerichteten Geschöpfe sich auch nur einen einzigen Schritt außerhalb des Gängelwagens zutrauten. Unermüdlich zeigten die Vormünder ihnen, welche Gefahren drohten, wenn sie versuchten, sich ohne Gängelwagen fortzubewegen.

Nun sei die Gefahr, beim selbstständigen Gehen hinzufallen, in Wirklichkeit so groß nicht. Selbst wenn das gegängelte Hausvieh ein paar Mal hinfällt – Gehen lernt man nur durch blaue Flecken. Erst wenn das Hausvieh begriffe, und das sei hoffentlich bald, dass es nicht nur schön und gehorsam, sondern stark und unentbehrlich sei, erst dann werde dieser für alle Zeiten unwürdige Zustand ein Ende finden.

Die Damen schauten aus ihren gestärkten Krägen, als habe Kant ihre häuslichen Erfahrungen ziemlich treffend beschrieben, und sie musterten die anwesenden Ehemänner und Heringshändler, als sähen sie die zum ersten Mal. Diese ihrerseits hatten sich in ihre Notizen vertieft, wie immer: schwer leserlich.

Dann schauten die Damen wieder den zartgliedrigen Kant da vorne an, die Schafwolle auf dem brachialen Schädel schien jeden Augenblick davonfliegen zu wollen. Und da stieg das Gefühl in ihnen auf, sie würden sich eigentlich ganz gern in Kants speziellen Gängelwagen sperren und sich, würdig oder unwürdig, dorthin führen lassen, wohin seine unerhörten Gedanken ihn eben führten.

Tante Eva ist sicher: Es wird Urgroßvater bekümmert haben, dass Kant seinen Schädel unter einer Perücke versteckte.

7

Seit Urgroßvater, ja, seit wann eigentlich?, vielleicht seit der Küche, dort stellte sie den Teller mit der viel zu heißen Leute-Suppe vor ihn hin, schon einige Zeit her jedenfalls, sie muss ja neben ihm gesessen haben, seitdem also hatte das mit seinen Fingerbeeren angefangen. Als striche er nicht über das Haar indischer Frauen, Gehängter und Pestkranker, sondern griffe in einen Brennnesselbusch. Dann zuckten seine Finger, wollten alles, ach, bloß runter damit endlich, und die entblößte Haut des Schädels berühren. Er muss gefürchtet haben, buchstäblich wahnsinnig zu werden. Die Fingerbeeren wegschneiden? Zum Henker, er war doch Perückenmacher und bestimmt kein schlechter, und jetzt dieses Lodern, diese unbezwingbare Fingerbeerensehnsucht nach nackter Haut.

Bevor er Kant die Perücke übergab, nach dem Probetragen hatte er sie in die endgültige Form bringen müssen, der Philosoph war doch selbst in die Werkstatt gekommen, um sie abzuholen, Herr Lampe war dieser Tage schlecht zu Fuß, noch vor der Übergabe in seiner Werkstatt demnach, räusperte Urgroßvater sich mehrmals hintereinander und versuchte, seine Vorbehalte anzusprechen. Dieses Mal schaffte er es, etwas deutlicher zu werden.

Beleidigt war Kant nicht, das verkneift man sich als Philosoph besser. Geduldig erläuterte er meinem Urgroßvater, der die Perücke zwischen seinen Händen wrang und sich nicht entschließen konnte, sie zu übergeben:

Sein eigenes Denken, soweit unser Denken überhaupt ausschließlich unser Eigenes sein kann, eine Idee, die er demnächst genauer ausmessen wolle, sein eigenes Denken also sei durch pünktliche Spaziergänge am winddurchtosten Pregelufer einerseits und die von Haus aus leichtgängige Mechanik seiner Weltauffassung andrerseits ausreichend durchlüftet. Eher müsse er sich jetzt vorsehen, dass er sich die Gedanken nicht erkälte. Das sei für die Sache der Aufklärung wichtiger.

Im Übrigen, lachte Kant, während er Urgroßvater die Perücke aus den verknoteten Fingern zog und sie sich auf den Schädel hob, komme so ein jugendliches Gelb bei seinem Auditorium ausgezeichnet an, es gebe der Vorlesung Pfeffer. Zudem kratze die Wolle an seinen empfindlichsten Hirnwindungen, das stimuliere enorm.

Er selber, murmelte Urgroßvater, habe den Wind am Pregelufer, er sitze dort ja oft, na ja – also so heftig wäre der ihm eigentlich nie vorgekommen. Und reichte Kant einen kleinen Sack mit Gerstenmehlpuder.

Johanne, jedenfalls – warum musst du ausgerechnet jetzt an sie denken, warum brennen deine Fingerbeeren? – Johanne kommt natürlich ganz ohne Perücke aus. Ihr Haar ist so wild wie ihre Gedanken, es hemmt ihre Gedanken nicht.

Tante Eva glaubt, nur seine Vergesslichkeit und die Höflichkeit werden Urgroßvater vor dem Verzweifeln an seinem Perückenzwiespalt gerettet haben. Obwohl es oft knapp gewesen sein wird mit der Rettung.

Daheim musste Klara sich immer häufiger anhören, dass unter Perücken freie Gedanken einfach nicht gedeihen.

Aber dafür wächst mein Haushaltsgeld unter unseren Perücken ganz ordentlich, sagte sie darauf, nimm dich bloß nicht so wichtig, Étienne. Gelebt muss ja auch werden, da musst du deine Hände schon gelegentlich für etwas Anderes hernehmen, als dafür, deine Überzeugung hochzuhalten. Seit einer Woche stelle ich Steckrübenmus auf den Tisch, wie lang soll das weitergehen?

Ach, Klaraleben. Kann sein, dass ich es nie schaffe, die Menschen von meiner *façon* zu überzeugen, ja, kann gut sein. Dann muss das

Leben selbst es eben richten und ihnen das falsche Haar vom Kopf tun. Es muss doch eines Tages damit Schluss sein, dass wir andere Menschen aufhängen. Und vielleicht gibt es eines Tages auch keine Pest mehr, und die Inderinnen wollen ihr schönes Haar nicht mehr hergeben. Vielleicht ist ein nackter Schädel einmal eine Zierde und keine Schande. Dann ist eh Schluss mit der Perückenmacherei.

Auch wenn ihm die Zeit immer dünner wurde, ganz verlassen hat der Mut Urgroßvater nie. Dass muss zur Höflichkeit und Vergesslichkeit dazugerechnet werden. Und eine Perspektive hat er gehabt, die ging weit über die Stadtmauern hinaus. Zu der hat ihm sein Beruf verholfen. Denn wenn er seine Perücken aus dem Haar der Pestkranken, der Gehängten, der indischen Frauen zusammennähte, dann kam er mit Nadel und Fingerbeere herum auf der Welt.

8

Ja, und jetzt dann ja wohl: Auf nach Capustigall, hatte Urgroßvater noch gesagt, als er Kant die fertige Perücke über den Arbeitstisch reichte, jetzt steht das Schlosstor offen.

Die Strähnen fielen an ein paar Stellen lockerer als im ersten Entwurf, die Linie zum Nacken war anmutiger, setzte unauffällig die Falte fort, die sich von Kants Nase zum Mundwinkel zog, die Ohren traten zierlich heraus. Sie war gelungen, die Perücke. Man konnte denken, nur ein Überzeugter, ein Klarsehender, ein Mutiger kann unter so einer Perücke stecken.

Kant gab sie sich auf den Schädel.

Ja, also dann Capustigall, wiederholte Urgroßvater.

Vielleicht hat Urgroßvater sich nur aus einem seiner Seufzer herausräuspern müssen und dabei einen Satz fabriziert, den er eigentlich gar nicht hatte sagen wollen.

Wie, Capustigall? Was soll das heißen?

Die behutsam entfettete Schafwolle war auf Kants Schädel ins Rutschen gekommen, Kant merkte selbst gar nicht, dass er an ihr herumzupfte und sie immer wieder auf die richtige Stelle schob, er hörte einen Augenblick auf mit der Nestelei, nahm die Arme herunter.

Selbstverständlich, Capustigall. Kant habe ihm doch erklärt, warum er seine Vorlesungen halte: Damit man in den Salons über ihn spricht, damit man ihn einlädt, und damit er dort drinnen, wo die großen Entscheidungen fallen, den Hebel der Aufklärung einsetzen kann. Irgendwann, und das wird seiner, Étienne Lennés, Rechnung nach bald sein, werden die Herrschaften die Mauern ihrer Schlösser und Güter selbst zertrümmern. Und die Brocken hintragen zu ihren Bauern, damit die daraus Wohnung bauen, und sie hernehmen als Grenzsteine der Äcker, die dann ihre sind.

Das hat Kant ihm oft in Aussicht gestellt, das und den Radiergummi und den Kautschuk und die Anteile, er hat ja erst letzte Woche wieder zwei gekauft, (Klara darf es nicht erfahren), und Robespierre und die Vorlesungen und die Physische Geographie und das jugendliche Gelb, das an dem durchlüfteten Hirn kratzt.

Richtig ins Schwärmen ist Urgroßvater gekommen, das ist sonst selten vorgekommen, ich finde es seltsam, dass das gerade jetzt passierte.

Capustigall. Das Gut der Grafen Keyserlingk, Brennglas der Aufklärung. Der Salon des Grafen, vielmehr der Salon seiner Frau Caroline, unbedingt die gute Stube aller Gebildeten. In den Salon drängen sie alle, die Stadt, das Umland bis zur Mündung des Pregel und noch weiter östlich; von Paris kommen sie, von London, um mit der schönen Gräfin zu diskutieren, sich vor ihr zu spreizen und zu brillieren, ach komm, Urgroßvater, ein bisschen verliebt in die Gräfin wirst du auch gewesen sein, alle waren das. Er, jawohl, er, Étienne Lenné, wird seinem Freund Kant behilflich sein. Damit Kant Grafenerzieher wird, Bibliothekar, Hofmeister, Kulturminister, Weltgelehrter, irgendwas. Capustigall wartet auf Kant.

Urgroßvater hatte rote Backen bekommen, Kant wunderte sich. Denn Urgroßvater konnte den Salon der Gräfin natürlich nur vom Hörensagen kennen. Wenn er nach Capustigall kam, führte man ihn immer gleich ins Schlafzimmer des Grafen, dem er dort die Perücke richtete. Danach bekam er seine Suppe in der Küche. In den Salon? Nie. Warum glühen deine Backen so?

Ach was, sagte Tante Eva, die Gräfin, von wegen. Johanne war das. Johanne hat ihn ins Schwärmen gebracht, merkst du das denn nicht? Warum sollte ein hugenottischer Perückenmacher denn sonst.

Wie Urgroßvater sich das vorstelle mit Capustigall, fragte Kant. Er merkte nicht, dass ihm die Schafwolle inzwischen sacht den Nacken herunterrutschte. Das Schädelfett ist schuld, darauf ist kein Halten.

Nun, er wird seinen Freund Kant den Keyserlingks warm empfehlen, so wie Kant ihn seinerzeit dem Konsul empfohlen hat. Den Grafen Gebhard kennt Urgroßvater recht gut. Ist jedenfalls vertraut mit der Gestalt des gräflichen Schädelknochens. Die sagt ja viel über den Menschen, also wo lädt der Knochen drohend aus, wovor flieht die Stirn, wie fühlen sich die verknöcherten Nähte an, an denen die Allongeperücke Halt finden muss. Alles das.

Kant ist erstaunt. Urgroßvater hält es für denkbar, dass der Graf ihn schon deswegen einstellt, ihn, den Philosophen, der den Grafen dieser Erde ihren angemessenen Platz in unserer Gesellschaft zuweist, weil sein Perückenmacher ihn empfiehlt? Ein Friseur, der von Locken viel, von Metaphysik nichts versteht, jedenfalls nicht offiziell? Das wäre ja mal ein ungewöhnlich leutseliger Graf, ein Graf gegen die eigene Natur. Wie soll so etwas funktionieren?

Es muss ein merkwürdiger Anblick gewesen sein: Urgroßvater erhitzt, sein blauer Blick ging durchs Werkstattfenster hinaus ins Weite bis an die Stelle zwischen den Armen des Nil, die er so gerngehabt hat. Und Kant, der seinerseits Urgroßvater wortlos anstarrte, und, ohne hinzusehen, die Schafwolle nahm, die ihm mittlerweile ganz auf die Schulter gerutscht war, und sie auf Urgroßvaters Arbeitstisch zurücklegte.

Nach einer Weile kehrte Urgroßvaters Blick in die Werkstatt zurück. Er ging zum Topf mit heißem Wasser, das hier immer vor sich hin kochte, und brühte einen Tee von der Verbene. Würde sie beide beruhigen.

Danach besprachen sie sehr sachlich, welchen Weg nach Capustigall Kant einschlagen würde. Am Ende werde es wieder auf die Physische Geographie hinauslaufen, die der Philosoph auch in der Vorstandsberatung der Kautschukgesellschaft als starken Hebel beschrieben hatte. Und das Kochbuch und der Afrikanische Abend, das gehörte alles mit in den Plan.

Das Auditorium maximum wird aus den Nähten platzen, sobald sich Kants Thema, die Physische Geographie, herumspricht. Und seine Einsichten über den Zusammenhang zwischen den schmorenden Jungfrauen und der klimabedingten Stufenleiter menschlicher Rassen wird den Keyserlingks zu Ohren kommen. Denen kommt alles zu Ohren.

Dann muss man es nur noch einrichten, dass Urgroßvater bei seinem nächsten Frisierbesuch auf Capustigall wie nebenbei fallen lässt, heute, verbindlichsten Dank, aber heute muss er leider seine Leute-Suppe stehen lassen, er bedauert das.

Aber warum denn, Monsieur Lenné? Sonst sind doch, ja, das habe man durchaus bemerkt, nicht einmal zwei Teller genug.

Nun, draußen in der Kutsche wartet schon der Doktor auf ihn, er ist freundlich genug, ihn mit in die Stadt zurück zu nehmen, es trifft sich, sie haben beide denselben Weg.

Der Doktor? Monsieur Lenné wird doch nicht krank sein?

Nein, so eine Sorte Doktor wartet in der Kutsche nicht auf ihn. Ein Doktor der Philosophie, Herr Doktor Kant, Metaphysik, Logik und …

Kant? Der berühmte Denker der Physischen Geographie?

Nun, ob es seine Geographie oder doch eher die der gesamten aufgeklärten Welt ist, kann ein Perückenmacher natürlich nicht beurteilen. Aber ja, man spricht wohl über diesen Herrn. Man kennt sich ein wenig, vom Kopf her sozusagen, lädt sich in die Kutsche ein, wenn man denselben Weg nimmt. Plaudert, setzt sich auseinander, ein angenehmer und bescheidener Unterhalter, das ist der Herr, man erfährt so Vieles von ihm. Auch über das … Kochbuch, erstaunlich was darin, und über den Rahm, der aus den Bäumen quillt, sobald man ihre Rinde einschneidet, ein leutseliger Herr, der von seinem großen Wissen auch einem Perückenmacher abgeben mag. Also die Frau Gräfin hat von ihm gehört? Er kann ja hinausgehen, wenn die

Frau Gräfin so arg darauf besteht, und den Doktor Kant hereinbitten, ein vielbeanspruchter Mann mit wenig Zeit, alle wollen sie etwas von ihm. Trotzdem wird es ihm ein Vergnügen, eine große Ehre wird es ihm sein, der Frau Gräfin seine Aufwartung, ja, wie denn nicht, gleich geht er hinaus.

So ähnlich wollen sie es anstellen.

Und so werden sie es gemacht haben. Einen genauen Bericht darüber gibt es nicht, keiner der Beteiligten wird ein großes Interesse gehabt haben, sich allzu genau an die Einzelheiten zu erinnern.

Daher kommt es, dass Kant, ein paar Wochen nach dem Werkstattgespräch, die Grafensöhne Carl und Otto in den alten Sprachen und der neuen Physik unterrichtet und, davon macht er allerdings kein Aufhebens, in der Physischen Geographie.

Der Hebel ist eingesetzt. Die Salontüren werden sich öffnen lassen. Auf der Abendtafel wird bald ein Gedeck für ihn bereitliegen.

Schon jetzt ist es so, dass die Gräfin Caroline Charlotte Amalie, wer das *Caroline* auf französische Art, mit einem allenfalls geahnten, sofort verklingenden »e« am Ende ausspricht, darf sie gerne mit einem vertraulichen Caroline ansprechen, dass Caroline also sich mit dem Philosophen nach dem Unterricht in ethischen Fragen berät. Über die schmutzige Leibwäsche der Knaben zum Beispiel.

Schmutzige Leibwäsche? Kant sieht nicht, wo da ein ethisches Problem liegen soll. Er möchte annehmen, ein wenig Seife und eine solide Wurzelbürste sollten das lösen können, auch dann, wenn die Sache selbst sich als etwas, nun, hartnäckig erweist.

Um die Wurzelbürste gehe es nicht. Eher um Johanne.

Inzwischen ist es der Gräfin peinlich, dass sie überhaupt davon angefangen hat. Aber eine Keyserlingk muss jede Peinlichkeit anmutig zu Ende bringen können.

Johanne?

Nun natürlich, Johanne. Die Bauerstochter, Kant müsse sie auf Capustigall schon öfter gesehen haben.

Hat er, natürlich hat er.

Schon Graf Gebhards Großvater hatte der Familie dieser Johanne die kleine Landwirtschaft hinter der Orangerie zugewiesen. Das Mädchen soll als Kind jeden Augenblick mit Büchern verbracht haben, vor allem mit französischen, weiß Gott wie sich derartig viele Bücher in ein Bauernhaus verirren. Die Sprache hätten sie vom Großvater geerbt. In dieser Familie benutze man das Französische offenbar als eine Art Geheimdialekt, wenn man nicht wolle, dass die Nachbarn einen verstehen. So geläufig wie sie es sprächen, müssen sie viele Geheimnisse vor den Nachbarn haben.

Gräfin Caroline verbreitete sich gern über das Französisch ihrer Magd Johanne. Persönlich hat Caroline von der Gottschedschen Frauenzeitschrift »Die vernünftigen Tadlerinnen« einige Ausgaben ins Französische gehoben, sie darf sich durchaus als Vertraute des Französischen betrachten. Johannes Französisch, jedenfalls, ist etwas ganz Ungewöhnliches, keine Grammatik, keine Satzstellung, Wörter, die die nicht im *dictionnaire* stehen, aber ein Akzent, zauberhaft. Sprache ist ja Musik, nur strenger geordnet, und wenn man Johanne zuhörte, dann spürte man das plötzlich. Der liebe Gott habe sie mit einem Akzent gesegnet, den er eigentlich für die Drosseln der Auvergne reserviert habe. Niemand wusste oder wollte es sagen, woher sie diesen Akzent hatte, jedenfalls wurde darüber nichts mitgeteilt. Solche Musikalität, habe Johann Gottlieb Goldberg bei einem ihrer Abendessen in kleinem Kreis gesagt, solche Musikalität könne nur im Blut liegen.

Wie dem auch sei. Als Johanne sich wegen des Gesindezwangs beim Grafen vorstellte, habe der das schöne Mädchen vom Fleck weg als Gesellschaftsdame, Gouvernante der Söhne oder eben auvergnatische Drossel eingestellt, Gebhard sei nicht sehr deutlich gewesen, als was er sie denn nun wollte. Sie, Caroline, habe es für eine glänzende Idee gehalten, Carl und Otto sozusagen spielerisch und vom Gefühl her, nicht durch ödes Memorieren der Vokabeln, ins Französische hineinzuführen, nicht wahr.

Nun ja, sagte Kant. Und wie kommt die Leibwäsche dabei ins Bild?

Mit der Leibwäsche sei es an dem. Zwar habe Gebhard mit ihr nicht ausdrücklich darüber gesprochen, aber gewisse Pflichten, nun, die habe das Mädchen selbstverständlich. Man erwarte, dass sie, nachdem sie drüben den elterlichen Stall ausgemistet und die beiden Kühe gemolken habe, dass sie sich dann gründlich wasche und herüber ins Schloss käme und dort die Zimmer der Söhne und anschließend ihre Köpfe von klebrigen Träumen säubere. Erst danach die auvergnatische Drossel. Zum Zimmerdienst gehöre nun mal die Leibwäsche, die Carl und Otto leider einfach auf dem Boden herumliegen ließen. Johanne weigere sich rundheraus, diese Dinge aufzuheben und der Wäschemagd hinunterzutragen. Das sollten die jungen Herren gefälligst selbst erledigen. Was muss eine aufgeklärte Mutter in so einem Fall ethisch bedenken? Immerhin sitze das Mädchen ja oft mit an der Abendtafel und nehme lebhaft an den Diskussionen teil.

Kant wiegte den Kopf hin und her.

9

Warum, Urgroßvater, sitzt eigentlich du nicht mit im Salon der Keyserlingks? Ich glaube, an der Keyserlingkschen Abendtafel könnte es dir durchaus gefallen haben. Wusste doch jeder, mit welcher Schärfe die Gäste dort Perlhuhn und Argumente zerlegten, mit welch sarabandenmäßiger Eleganz sie ihre mathematischen Formeln herleiteten, mit welch Rousseauscher Heiterkeit sie sich stritten. Nur um am Ende Caroline, das »e« bitte nur ahnen!, entscheiden zu lassen. Die ganze Tafel hätte deine Theorie der freien Pumpbewegung der Gedankenmuskeln mit Begeisterung diskutiert. Das Klima dafür wäre da gewesen. Allemal hätten sie sich deine Ideen angehört, sie geprüft, verbessert, gehärtet und zugespitzt.

Also warum nicht im Salon sitzen, wo sie einem Perückenmacher, der seinen Beruf abschaffen will, interessiert zugehört hätten?

Nicht nur für die Denker, Musiker, Maler und Marschälle dieser Zeit muss die Abendtafel der Gräfin ein Wallfahrtsort gewesen sein. Auch Urgroßvater konnte gar nicht oft genug hinausfahren nach Capustigall. Vielleicht schmeckte ihm Leute-Suppe besser, als Klara glaubte.

Fahr du nur immer tüchtig zum Grafen raus, sagte Klara, leg ihm adrette Locken, und schau, dass du uns neue Kundschaft akquirierst, da draußen geben sich die Geldigen die Klinke in die Hand.

Urgroßvater fand es meistens schwierig, Klaras Ratschläge zu befolgen. Diesem hier folgte er gern. Mied aber den Salon.

Auf Capustigall hatte er kaum Gelegenheit zur praktischen Aufklärung. Es war ja so, dass das Aufklären für ihn vor allem ein praktisches Bedürfnis war. Will man es wecken, muss man behutsam vorgehen. Zum Beispiel stülpte er sich, er, der Perückenabschaffer, wenn er seine Kundschaft besuchte, aus Höflichkeit selbst eine Perücke über, bevor er ihnen die Locken legte. Nein, keine besonders kleidsame, wie Klara ihm geraten hatte, das nun auch wieder nicht. Aber mit einer provokanten *façon* auf dem eigenen Kopf wollte er keinem Perückenträger zu nahetreten.

Das *façon*-Thema hatte er dem Grafen Keyserlingk gegenüber einmal zur Sprache gebracht. Der hatte nicht widersprochen, vielleicht, weil er nicht verstanden hatte, wovon die Rede war. Urgroßvater muss seine aufklärerischen Hinweise manchmal arg verklausuliert haben.

Nach dem Schlafzimmer dann in die Küche, zu den Knechten und der Leute-Suppe. Neben die Terrine ließ Gräfin Caroline, eine feinfühlige Beobachterin, ein gutes Stück Fleisch hinlegen, wie zufällig, oder ein Gebäckstück, noch warm.

Von der Gräfin musste man hingerissen sein, eine andere Haltung wäre nicht in Frage gekommen. Urgroßvater konnte da keine Ausnahme gemacht haben. Obwohl es ihm in ihrer Gegenwart immer ein bisschen ungemütlich war.

Caroline, das hatte Graf Gebhard beim Frisieren nebenbei erwähnt, schreibt an ihrer Lebensgeschichte. Deshalb wird ihr Leben so eingerichtet, dass die Nachwelt daraus etwas lernen soll. Jeder weiß das. Die berühmten Gäste, die Capustigall besuchen, bekommen notfalls dezente Hinweise. Manche verstehen nicht. Dann muss es ihnen halt nochmals verdeutlicht werden.

Mit ihrer Lebensgeschichte ist Gräfin Caroline derart beschäftigt, dass ihr für Anderes kaum Zeit bleibt.

Zum Beispiel kann sie sich nicht selbst um die Erziehung der Söhne Carl und Otto kümmern, denn gerade diese beiden sollen ja aus ihrem Leben lernen. Leibwäsche fällt schon gar nicht in ihr Fach. Endlose Gespräche wollen geführt und Haltungen immer wieder ausprobiert werden, die Argumente müssen elegant sein und sitzen, nur dann haben sie die Chance, in Carolines Buch aufzutauchen. Das Titelbild hat sie schon mal in Kupfer gestochen, für den Rest existieren viele Briefe. Die Gäste werden ermuntert, ihr zu schreiben, sich einen Platz zu sichern im Buch. Es gibt ein Gästebuch, auch das ist eine Quelle, in dem geistreiche Einträge erwartet werden. Zur Not nimmt sie auch eine Komposition oder eine mathematische Formel entgegen, ihr Buch wird eine Enzyklopädie der Aufklärung, nichts weniger. Eine erschöpfende Beschreibung des literarischen, musikalischen und mathematischen Lebens ihrer Zeit, dazu die Pachtabgaben der Bauern, die Ernten, die Niederschlagsmengen, die Fröste. Man will ja nicht unterhalten werden, sondern lernen.

Manches Überraschende wird drinstehen, viel Glänzendes: Kant, immer wieder Kant, aber auch Bernoulli, Lossow, Werther, Großfürst Paul Petrowitsch, Goldberg, die Finckensteins und Dohnas neben der Herzogin von Kurland. Die anatomischen Theorien, eines Perückenmachers Freiheitsgedanken betreffend, die sich gegenseitig mit eigenen Muskeln aufpumpen und die Luft dann wieder ablassen, die werden nicht drinstehen.

Die Abendessen der Gräfin waren Höhepunkte, über die gesprochen, die beneidet und von jedermann gedanklich hin- und hergewendet wurden. Auf den anderen ostpreußischen Gütern versuchte man, es Caroline nachzumachen. Es wuchs ja doch überraschend viel Geistvolles zwischen den Steckrüben heraus. Und immer hatten die Herrschaften ihre Nachwelt im Sinn. Jeder einzelne ihrer Fürze ist im Schauglas konserviert und beschriftet, wir kennen jeden davon beim Namen. Die Misthaufen ihrer namenlosen Bauern düngen die Rüben.

Was die anderen Herrschaften weniger gut begriffen hatten als Gräfin Caroline, das war: Man musste es so einrichten, dass die Einladung zum Abendessen einem Gottesurteil gleichkam; ob man eingeladen wurde oder ausgeschlossen blieb, das durfte sich auf gar keinen Fall ausrechnen lassen. War man sehr berühmt, stiegen die Einladungschancen zwar, eine Garantie gab es nicht. Es konnte gut sein, dass Gräfin Caroline beim Spaziergang durch die Dörfer, die zu ihrem Gut gehörten, jemanden traf, der etwas zu sagen hatte. Das konnte ein Verwalter sein, eine Bäuerin, ein Landpfarrer. Manchmal schenkten diese Menschen ihr mit unbeholfenen Worten einen frischen Blick auf die Welt. Das berührte sie. Caroline war eine Menschenfischerin, das war sie wirklich. Deshalb versuchte sie, ihre Dorfbekanntschaften zu einem ganz einfachen Abendbrot einzuladen, so nannte sie das. Die Einladung wurde selten angenommen, man braucht Mut, um beim Grafen ein ganz einfaches Abendbrot einzunehmen und Naivität, um zu glauben, dass es dabei bleibt. Allerdings braucht man noch mehr Mut, um diese Einladung abzulehnen, oder wenigstens genug Geistesgegenwart, damit die Ausrede nicht gar zu dämlich herauskommt.

Saß Urgroßvater deshalb lieber in der Capustigaller Küche herum?

Da muss mehr dahintergesteckt haben, vermutet Tante Eva. Also hinter seinem ewigen Herumgesitze in der Küche. Mehr als seine Schüchternheit und dass er den Bernoullis, Goldbergs und Dohnas seine Muskelpumpe vielleicht nicht richtig erklären konnte. Oder dass die Knechte, die mit ihm in der Küche hockten, mit mürrischer Nachlässigkeit keine Perücken trugen.

Tatsache ist, dass in Urgroßvaters Kundenbuch auffällig viele Capustigall-Besuche und Bestellungen für den Grafen stehen. Der Graf Gebhard müsste einen ausnahmsweis grindigen Schädel gehabt haben, oder ein ganz ungewöhnlich ätzendes Schädelfett, wenn seine Perücke wirklich so oft Ausbessern gebraucht hätte. Also in Wirklichkeit ein anderer Grund.

Und der Ausbesserungs-Grund, die Bestellung, sagt Tante Eva, ist – ja, wie alt wird die Bestellung gewesen sein? Neunzehn vielleicht, und einen Namen hat die Bestellung auch: Johanne.

Aber damals war Urgroßvater doch schon über die fünfzig hinaus …?

Tante Eva hängt den Mundwinkel eine Bogensekunde tiefer.

Na und? Höchstens, dass es einen in dem Alter noch härter erwischt.

Johanne. Zur Familie gehört sie nicht, ich meine: zu unserer Familie, und es gibt kaum Zeugnisse. Tante Eva sagt, dass sie sich gerade deswegen für diese Johanne interessiert. Was ist von ihr überliefert? Überliefern. Als gäbe man ein Paket an der Haustür ab. Hat sie einen Platz in der Lebensbeschreibung der Gräfin, in der so viele vorkommen? Immerhin, im Umgang mit Johanne missachtet die Gräfin großzügig die gesellschaftlichen Schranken, das dürfte sie sich ruhig anrechnen, es sollte in der Beschreibung ihres Lebens erwähnt werden.

So haben wir uns diese Johanne für unsere Erzählungen selber modeln müssen.

In Wirklichkeit war es vielleicht ganz anders. Nur dass es mit der Wirklichkeit manchmal nicht weit her ist.

Es muss ja einen Grund haben, dass Urgroßvater kein Wort herausbringt, wenn Johanne neben ihm in der Küche des Schlosses sitzt, und er, der städtische Perückenmacher, kann gar nicht genug hören von ihrem Leben zwischen dem schiefen Hof der Eltern und dem Schloss.

Wenn sie nach einem Tag voll Drosselei und Rousseau nach Haus geht, muss sie schauen, wie daheim der kümmerliche Hafer steht, das Unkraut zwischen den Kartoffeln muss sie ausreißen und die Kartoffelkäfer einsammeln. Sie bindet eine Knielampe um, damit sie genügend sieht.

Dass Johanne mit an der Abendtafel der Keyserlingks sitzen darf, muss eben doch irgendwas mit der Lebensbeschreibung der Gräfin zu tun haben, für die Caroline jede Minute lebt. Anders reimt es sich mir nicht zusammen. Johanne selbst findet es vielleicht gar nicht merkwürdig, dass all die berühmten Leute, die dort beieinandersitzen, sich mit ihr unterhalten wie mit ihresgleichen. In den Schriften der Berühmten taucht Johanne allerdings nicht auf, obwohl sie schön gewesen sein muss und jung war und eine Magd.

Ganz ungeniert redete sie los, wenn sie fand, die Herren Weltbürger hätten sich mal wieder in ihrem Geschwätz verrannt. An der glänzenden Abendtafel war sie die Einzige, die über den Minister Woellner nicht lachen wollte. Ein guter Witz über Woellner war sonst schon beinah eine Eintrittskarte ins Schloss. Ausgerechnet für ihn, den Geisterseher mit der engsten Stirn Preußens, fand Johanne gute Worte. In der Capustigaller Gesellschaft war das fremdartig und gewagt.

Der Herr Minister, konnte Johanne da zum Beispiel sagen, der Herr Minister Woellner gehört zu den seltenen Exemplaren, die Freiheit und Gleichheit nicht nur deswegen im Mund führen, damit er diesen scharfen Worten die Kanten ablutscht. Wovon der sonntags redet, das will er montags auch praktisch erreichen.

Ich stelle mir vor, Kant muss bei diesen Worten das Gefühl gehabt haben, Johanne sehe ihn als Einzigen an.

Falls man ihr nicht glaube, dass Woellner einen tätigen Sinn hat, könne sie anbieten – Woellners Hohe Commission hin oder her – aus seinen Schriften zu zitieren. Sie hat sie unbegreiflicherweise alle, vom »Essai sur la nécessité et l'utilité d'abolir les communes ou pâturages en communauté dans la marche électorale de Brandebourg« bis zu dem beinah unbekannten »Versuch einer Düngung des Ackers ohne Dünger« gelesen. Und verstanden.

Wenn sie in ihren Wortgefechten wieder glücklich an diesem Punkt gelandet waren, lächelte Gräfin Caroline.

Man glaube Johanne all das unbesehen, auch ohne beschwerliche Zitate. Ohnehin schließt Capustigall sich bekanntlich dem Woellnerschen Ziel der völligen Befreiung unserer ostpreußischen Bauern von ganzem Herzen an. Wenn sie über die Dörfer wandert, und wie gerne sie das tut!, begegnet ihr dort so viel Lebensklugheit und Zähigkeit und Mut. Es ist unmöglich, solche Menschen ewig in Unmündigkeit zu halten.

Am Rande solle dennoch nicht ungesagt bleiben, dass die Motive des Herrn Woellner bei Tageslicht von ihrem Glanz ein wenig verlören. Die Enteignung großer Ländereien und die Aufteilung des adligen Ackerlands in Bauernwirtschaften zu je zwei Hufen, ja, das hätte der Herr wohl gern, die Alimentierung seines gehätschelten Bauernstands mithilfe einer Steuer auf Equipagen, Dienstboten, Reitpferde und Delikatessen hat vor allem, ach bitte, Johanne, hätten Sie die Liebenswürdigkeit des Birnenkompotts? danke sehr!, hat vor allem das Ziel, das Wachstum der bäuerlichen Bevölkerung ins Unermessliche zu steigern. Ins Un-er-mess-liche, seine eigenen Worte. Und wozu dieser ganze *ennui*? Nur, damit Preußen genug Soldaten für seine elenden Kriege hat.

Au fait, sagt der Berliner Keyserlingk-Vetter, *au fait*, dem Herrn geht es darum, an die Erbschaft seiner Amalie heranzukommen, Fürst ihrer Maulbeerbäume und Torfgräbereien will er sein. Überhaupt empfehle ich, dass er, sollte der König ihm irgendwann doch noch mal das ersehnte Adelstitelchen umhängen, sich unbedingt eine Maulbeere ins Wappen pflanzt.

In das gemütvolle Gelächter hinein sagt Johanne, sie kann Maulbeeren nicht zum Lachen finden und Torf graben auch nicht. Eine Aufklärung, die die Bauern nicht befreit, sondern nur dafür sorgt, dass die Herren Geldsäcke ihre Geschäfte zukünftig mit philosophischer Rechtfertigung betreiben, eine solche Unart von Aufklärung kann einer wie ihr, die vor Sonnenaufgang den Stall ausmistet, und spät abends mit der Knielampe nach dem Hafer schaut, so einer wie ihr kann eine derartige Metaphysik, halten zu Gnaden, gestohlen bleiben.

Damit reicht sie der Gräfin das Birnenkompott hinüber. Wenn sie zornig ist, zittern ihr die Hände. Etwas vom Birnenkompott tropft auf die damastene Tischdecke. Die Gräfin ist froh, dass sie kein Kompott von Brombeeren hat auftragen lassen.

Ob er nun das Problem verstehe, das sie mit der Leibwäsche habe, fragt die Gräfin halblaut ihren Tischnachbarn Kant.

Allgemein wird mal wieder gefunden, gerade dieser ungezwungene Austausch mache die gräflichen Tischgesellschaften so anregend und wertvoll.

Urgroßvater ist sich unklar, ob Johanne wirklich nichts weiß von dem, was, nun … was die Gräfin manchmal andeutet, mehr mit Gesten und Blicken als mit Worten. Wenn auch nicht ausdrücklich Urgroßvater gegenüber, sie weiß ja, dass er gerne mit dem Mädchen in der Küche sitzt. Eine Bauerntochter tagsüber als Französisch-Drossel und abends als Schmuckstück an der gräflichen Tafel, das beweist doch, also Einiges beweist es. Und da wäre auch noch viel mehr zu sagen, nicht nur über das Bäuerliche in Johannes Herkunft, aber, ach Gott, was verschlägt es denn.

Die Tischgäste der Gräfin sind Männer, ausschließlich Männer, die vieles begreifen, und, wie Tante Eva sagt: Begreifen kommt ja von greifen.

Sie werden gut hingeschaut haben auf die Johanne, wenn der Zorn die junge Frau packte, wenn ihre Augen geleuchtet haben, weil es um die Befreiung gegangen ist, wenn sie nur so gebebt hat vor Leben. Die Männerblicke werden von Johannes Hals und ihrem Mund zur Gräfin hinübergegangen sein, und zurück zu Johannes nackten Armen.

Dann lächelte Caroline und nickte demjenigen der Herren zu, der Johanne am gierigsten begriff. An solchen Abenden sagte Caroline dann zu Johanne, die ja doch fast so etwas ist wie eine Leibeigenentochter, und die Gräfin kann ihr deshalb anschaffen, was sie will, also sagt sie, Johanne braucht sich heute keine Lampe um die Knie binden, nur … Also das sei alles schon in Ordnung so, sie solle sich fügen.

Das wird Urgroßvater gewusst haben, jeder hat es gewusst, sagte Tante Eva. Und es muss ihm wehgetan haben, dass Johanne an diesem Dienst nichts Schlimmes fand. Im Gegenteil. Vielleicht hat ja das Brennen in den Fingerbeeren gerade in dem Augenblick angefangen, als er das über Johanne erfuhr.

Und was ist nun mit der schmutzigen Leibwäsche?

Schwierig, hatte Kant gemeint, interessant, aber durchaus schwierig, wie alles Interessante. Einerseits müsse der Mensch lernen, sich an selbst gegebene Vernunftgesetze zu halten, das sei das Wesen der Zivilisation. Und die Leibwäsche regelmäßig zu säubern sei so ein Vernunftgesetz. Andrerseits sei der Mensch aber verpflichtet, sich immer wieder zu fragen, ob es tatsächlich Vernunftgesetze seien, an die er sich da halten wolle. Dass eine Dienstmagd sich um die schmutzige Leibwäsche kümmert, sei durch unausgesprochenen Vertrag zwischen ihr und dem Grafen festgeschrieben, irgendjemand müsse sich schließlich der Wäsche annehmen, dabei sehe er an sich noch keine Verletzung der Vernunft, ein unschöner Vertrag, ja tatsächlich, aber vernünftig, Vernunft muss nicht schön sein. Andrerseits, ein junges Mädchen, eine auvergnatische Drossel, wie Caroline selbst sage, die müsse auch die Grenzen ihrer Freiheit erkunden dürfen. Vielleicht wäre es angezeigt, weniger über Bestrafung zu grübeln, als darüber nachzudenken, das Mädchen einmal eine ganz andere Welt, neue Grenzen und neue Freiheiten, kennenlernen zu lassen. Sein Freund Konsul Green suche Mägde für die Versorgung seiner Werftarbeiter und Matrosen, ob das nicht?

Wieder eins der vielen Gespräche, bei dem ich natürlich nicht dabei war, den Ausgang muss ich offenlassen.

Urgroßvater, das jedenfalls weiß ich, ist bald darauf erst einmal krank geworden.

Sömmering schaute nach ihm, Kant hatte ihn geschickt. Drückte auf Urgroßvaters Bauch herum, beklopfte den Rücken, klappte ihm die Augenlider hoch. Fand nichts. Nach Capustigall werde er jetzt nie mehr fahren, sagte Urgroßvater. Ausgeschlossen. Wie kann man Menschen derart erniedrigen. Und warum lassen Menschen sich derart erniedrigen.

Sömmering, obwohl Anatom, hatte keine Antwort.

Nach einer Woche stand Urgroßvater auf und ging wieder in seine Perückenwerkstatt. Die Seufzerei war härter geworden. Das Brennen der Fingerbeeren auch.

Warum fällt ihm das alles jetzt ein, vor dem Verhörzimmer der Commission, derweil in seinem Rücken die Sonne den blassen Oktoberhimmel hochsteigt, und das Mäusefell neben ihm ohne Pause redet.

10

Nach einigem Hin und Her fand der lang geplante Afrikanische Abend in Kants Haus nun also doch statt.

Was genau sich an dem Abend abgespielt hat? Auch da muss ich mir das Meiste zusammenreimen. Weiß Gott, warum Urgroßvater geglaubt hat, er darf der Commission nichts von dem Abend erzählen. Es wird halt jeder seine eigene Erinnerung daran gehabt haben, und Urgroßvaters Erinnerung war bestimmt ungenau, höfliche Menschen sind schlechte Beobachter. Sie üben schon immer die Antwort, bevor das Gegenüber seine Frage überhaupt gestellt hat.

Ein rundherum misslungener, ein geradezu sinnloser Abend, so klingt es aus Urgroßvaters Erinnerungen. Warum war er denn hingegangen? Ich denke, Klara wird gesagt haben, das Einzige, wofür sein Freund Kant tauge, das sei, dass er Étienne die Bekanntschaft und hoffentlich Kundschaft von Kahlköpfen vermittle, also: hingehen.

Im Gegensatz zu Urgroßvater gibt der Anatom Sömmering in seinen Memoiren einen ausführlichen Bericht über Kants Abend. Der Mann muss ebenso trink- wie charakterfest gewesen sein, rauflustig und schreibselig, einem Witz, den er über seine Freunde hat machen können, wäre er nie ausgewichen. Kein zuverlässiger Berichterstatter, das ist mal sicher. Vielleicht wird man so, wenn man sonst nur mit Aufgeschnittenen redet, höchstens noch mit einem Gehängten oder Pestkranken.

Da der Programmpunkt Spalierstehen wackerer Schiffsfahrer entfallen war, musste die Fritzin Kants Gäste ohne Zwischenaufenthalt auf den Schwarzen Erdteil verfrachten.

Im Esszimmer hatte sie Kienspanfackeln an die Wände nageln lassen, der fette Qualm zog zögerlich ab. Der Esstisch und die hochlehnigen Stühle waren zur Seite geräumt, eine gelbe Decke darüber geworfen. Sömmering schrieb, er habe sich an eine Wüstenlandschaft erinnert gefühlt, womöglich war genau das die Absicht.

Sitzen sollte man auf Lederkissen, die Fritzin hatte sie beim Täschner Gimmler in der Hundsrieser Gasse anfertigen lassen. Die Kissen waren um eine grobe Holzplatte herum gruppiert, die Platte lag auf Bohlen. Man möge die Knie bitte bei sich behalten, bat die Fritzin, und vor allem nicht an die Platte stoßen, die ruhe nicht ganz klaglos auf den Bohlen.

Über sein Sonntagsjackett hatte Kant einen ärmellosen Kapuzenmantel geworfen. Ein Burnus sei das. Die Herren bewunderten die Beiläufigkeit, mit der Kant die korrekte Bezeichnung herausbrachte, genauso wie seine gedankenlos elegante Art, ein Bettlaken zu tragen, das viel zu lang war, und ihn ständig in Gefahr brachte hinzuschlagen. Es sah aus wie ein umgenähtes Leichentuch, fand Urgroßvater, behielt das aber für sich.

Die beiden anderen Vorstandsmitglieder der Kautschukgesellschaft waren selbstverständlich ebenfalls anwesend, Kautschuk war schließlich der fassbare Zweck all dieser Exerzitien.

Auf gar keinen Fall werde er sich kostümieren, hatte Motherby am Tag zuvor gemurrt. Konsul Green redete so lange auf ihn ein, bis er schließlich seine hellgraue Weste auszog und sie umgekehrt wieder anlegte, mehr Verkleidung komme für ihn nicht in Frage, Herr Lampe musste ihm die Knöpfe auf dem Rücken schließen. Obwohl das ja eigentlich kein Kostüm war, sah er mit seiner Kindermaske und dem Westenhellgrau, in dem sein weiches Kinn nun verschwand, geheimnisvoller aus denn je.

Konsul Green hatte Motherby gebeten, den Gästen zu erläutern, dass Geschäfte mit Luft sehr viel einträglicher laufen als solche mit Realien, schließlich fallen dabei keine Transportkosten, Zölle, Lagergebühren und anderes an. Motherby hatte sich einen Packen seiner grünen Zettel eingesteckt, sie waren an diesem Abend schwer zu erreichen, weil die Taschen der Weste, in denen er sie aufbewahrte, jetzt auf dem Rücken saßen.

Apropos Afrika, mein lieber Kant, Afrika, für das Jungfer Fritz sich gerade als unsere bezaubernde Führerin andient, dröhnte Sömmering, als er hinter der Fritzin das verwandelte Esszimmer betrat, ich komme gerade aus Kassel. Der Landgraf von Hessen ist ja derart interessiert an Schwarzen! Ein komplettes Dorf hat er ihnen in seinen Park hinstellen lassen, dort leben die jetzt fröhlich vor sich hin, eine Mohrenkolonie, durchmischt mit Chinesen und Siamesen. Die Kassler Untertanen des Landgrafen können den Wilden beim Naturleben zusehen. Ich hatte ausgiebig Gelegenheit, mehrere Mohrenkörper zu zergliedern und zu untersuchen. Freue mich schon darauf, Ihnen und Ihren Gästen gleich darüber zu berichten.

Noch bevor Sömmering zu irgendwelchen geschmacklosen Details kommen konnte, forderte Kant die Herren zum Platznehmen auf, und zwar – er warf den Burnus nach hinten, sie sollten zuschauen, wie er die kurzen Beine kreuzte – auf genau diese Weise, bitte. Wolle man sich mit der Seele des schwarzen Erdteils vertraut machen, diese Aufgabe stelle er ihnen mit dem heutigen Abend, sei es hilfreich, dabei die Körperhaltung der Eingeborenen einzunehmen. Im Übrigen komme man sonst nicht nah genug an die Tischplatte heran.

Einige der starkknochigen Herren fanden es schwierig, ihre Gliedmaßen nach Kants Vorbild zu falten. Nach einigen Versuchen schoben sie ihr Sitzkissen ganz an die Platte heran und knieten darauf nieder.

Aus der Küche hörte man Diener Lampe und die Fritzin mit Töpfen scheppern. Man kannte Jungfer Fritz, die, wie sie sagte, mit *meinem kleinen Philosophen* fast verlobt war. Jungfer Fritz besaß eine

Reihe ehemaliger Fast-Verlobter, die sie nach und nach zu sehr guten und danach zu treuen Freunden beförderte. Auch einige der anwesenden Herren waren darunter, Kant wird das gar nicht gewusst haben. Sömmering macht dazu in seinem Bericht eine Bemerkung.

Aus einer Kalebasse, so bezeichnete jedenfalls Kant das Behältnis, wurde Rahm eingeschenkt.

Konsul Green erklärte, sie würden da zum Auftakt eine Probe jenes berühmten Roh-Kautschuk verkosten, den er gerade heute Vormittag von einem Geschäftspartner aus Manchester geschickt bekommen habe.

Was zu der Frage überleiten sollte, wer von den Herren Anteile an der Kautschukgesellschaft zeichnen wolle, die Nachfrage sei im Augenblick enorm, ein paar habe Green für ganz besondere Freunde gerade noch zur Seite legen können. Er hob sein Glas, in der anderen Hand hielt er eine Nilpferdpeitsche, mit der er jetzt ohne rechten Grund herumwedelte. Das gehörte zum Kostüm.

Nein, halt!, eins nach dem anderen, bei der Kautschukgesellschaft waren sie nach Kants Ablaufplan für den Abend noch nicht. Schritt für Schritt sollten die Herren sich in die physische Geographie hineinfühlen. Praktische Schlussfolgerungen erst zum Ausklang des Abends bitte.

Von der Physischen Geographie, erklärte Kant, bekommt man erst dann einen sinnlichen Begriff, wenn man den ostpreußischen Rübenmagen mit afrikanischen Speisen füllt, und zwar muss der Vorgang des Füllens exakt in der Körperhaltung jenes Erdteils erfolgen. Der Magen drückt ja nicht nur von unten her den Kopf in die aufrechte Haltung. Er drückt auch aus, was uns ausmacht, mithin: wer wir sind. Unsere Existenz ist eine Magenfrage. Die Schlussfolgerungen eines Rübenmagens über, sagen wir, das Ethos guten Regierens, sind zwangsläufig andere als die eines Dattel-Magens. Daher Physische Geographie oder, mit ihrem Volksnamen, Leib- und Magengeographie. Beiläufig will ich daran erinnern, dass schon Homer Ethos als den Ort bezeichnet, an dem unsere Pferde grasen.

Man nickte, man hatte verstanden. Homer, selbstverständlich. Hoffentlich würde Kant nicht allzu lang auf den Weiden der Klassiker grasen und Jungfer Fritz bald auftischen lassen. Man würde ja sehen, wie sehr die Gerichte der Jungfer die eigenen Schlussfolgerungen veränderten. Der rahmige Kautschuk-Saft hatte in dieser Hinsicht wenig ausgerichtet.

Mister Motherby schrieb Nachrichten auf grüne Zettel, gab sie nach einigem Zögern aber niemandem weiter, sondern versuchte, sie wieder in der rückwärtigen Westentasche zu verstauen. Das machte er immer so, wenn er sich über die Begriffsstutzigkeit seines Gegenüber ärgern musste. Er schaute dem dann starr in die Augen, während er, ohne hinzuschauen, auf seinen grünen Zettel schrieb und den Zettel dann wegsteckte, als werde er sich dieses blöde Argument gut merken und bei Gelegenheit noch darauf zurückkommen.

Bei der Zubereitung der ungewohnten Gerichte, teilte Kant mit, sei Herr Lampe der Jungfer Fritz zur Hand gegangen. Seinen Diener nannte Kant nie einfach Lampe, sondern immer den Herrn Lampe.

Außerdem habe sie sich auf die Unterstützung der Schwester Ballath verlassen können. Und auf eine Abschrift jenes, nun, also gut, er wolle es nun doch ausplaudern, jenes afrikanischen Kochbuchs eben. Die Herren hätten davon gehört?

Hatten sie.

Interessanterweise sei das Buch in die Haut eines Flusspferdes eingebunden, dieses Detail müsse er nun schon hinzufügen.

Beifall kam auf, als Herr Lampe die Tür zur Küche aufriss, und die Fritzin eine schwere Terrine hereintrug. Über ihr Kleid hatte sie eine Art Schürze drapiert, die einmal einen Leoparden bedeckt hatte, eine schwere Metallspange hielt das Fell auf der linken Schulter. In ihr Haar, zu einer Art Ährenkranz geflochten, aus dem eine

Handvoll Ähren auf den Nacken fielen, hatte sie heute Muscheln und Glasperlen gesteckt.

Die Herren wollten gar nicht aufhören mit Klatschen. Zwei von ihnen verfügten über jugendliche Gelenke, kamen schnell genug vom Kissen hoch, um Jungfer Fritz unter die bloßen Arme zu greifen.

Zu dritt stellten sie die Terrine auf die Tischplatte.

Aus der Mitte der Terrine erhob sich ein Hügel aus Reis und geschnetzelten, ja – Rüben, tatsächlich am ehesten Rüben, demnach schien es in Afrika Rüben zu geben Ein Graben umgab den Hügel, in dem schwärzliche Soße träge floss. Auf dem Gipfel des Hügels lagerten hellrot, gelb und grünlich feuchte Gebilde von phantastischen Formen.

Interessiert beugte sich Sömmering vor, nahm eine Gabel, drehte und wendete die Gebilde, versuchte hineinzustechen, identifizierte sie probeweise als Nieren, Mägen, Herzen, Gebärmütter und Gurgeln, möglicherweise von Schwänen oder Kranichen. Da unterbrach ihn Jungfer Fritz.

Man wolle doch, bitteschön, beherzt zugreifen, lächelte sie und trocknete die feuchten Hände am Leopardenfell. Dann ließ sie sich auf ihrem Sitzkissen nieder. Der Täschner Gimmler hatte die Kissen so zuverlässig vernäht, dass beim Draufsetzen die Luft mit einem langgezogenen Stöhnen entwich. Amüsiert beobachtete die Jungfer, wie die Herren sich, Neugier und Bescheidenheit heuchelnd und trocken schluckend, aufluden.

Das Gericht verbreitete einen schweren Geruch nach physischer Geographie, das war jedenfalls festzustellen.

Mister Motherby, er aß aus wichtigen Gründen kein Fleisch, vermutete in den Gebilden auf dem Hügel Bestandteile toter Tiere, nahm sich eine kleine Portion Reis, vermied die Soße.

Lampe ging herum und goss vom fremden Rahm nach, dabei war er gezwungen, den Rücken ziemlich krumm zu machen. Deswegen, oder weil er in der Küche die Weinspeise so gründlich abgeschmeckt hatte, landete sein Knie gelegentlich im Kreuz eines Gastes, dann griff er sich den Nacken des Herrn, das gab ihm wieder Halt.

Bitte, Herr Lampe, wenn Sie eingegossen haben, setzen Sie sich zu uns und halten mit, forderte Kant ihn auf. Sie haben ja bei der Zubereitung schon einiges an Fremdem abgeschmeckt. Aber tüchtig gegessen werden muss auch, Kant wies auf ein Sitzkissen, das er heranziehen sollte.

Die Herren waren Kants beinah kollegialen Umgang mit dem Diener Lampe gewöhnt, der eine oder andere nannte es eine Marotte des Aufklärers. Tatsächlich schien auch Herr Lampe von der Einladung nicht viel zu halten, kopfschüttelnd kehrte er zurück in die Küche, als habe er etwas vergessen, rumorte und klapperte hinter dem Vorhang herum, es krachte. Danach Stille.

Die Fritzin ging nachsehen. Lampe hat sich eine Bratpfanne aufs Knie gehauen. Was für ein Tölpel schimpfte sie, als sie zurückkam.

Kant bat, Herrn Lampe ins Schlafzimmer zu führen, falls sein Zustand das erlaube, ja, in sein Schlafzimmer, ein anderes gebe es doch wohl nicht im Haus, er solle sich dort von dem Schreck erholen.

Die Fritzin zuckte die Schultern und ging, dem Lampe ins Schlafzimmer zu helfen.

Als die Herren nun anfingen zu essen, erlebten sie einen merkwürdigen sinnlichen Zwiespalt. Auge, Nase und Geschmacksknospen konnten sich untereinander nicht einigen, was sich da im Mund bewegte und die Speiseröhre hinunterwälzte.

Dazu muss man wissen, dass die Schwester Luise des Obereinnehmers Ballath aus dem Polnischen, knapp jenseits der Grenze, stammte. Das bewusste afrikanische Kochbuch habe sie gelesen, behauptete sie. Von einigen besonders leckeren Abschnitten habe sie eine Abschrift gemacht.

Das sagte sie allerdings auch von den französischen, serbischen und dänischen Kochbüchern, die sie sammelte. Hinter Luises Rücken wurde gesagt, so fremdartig ihre Terrinen und meinetwegen Kalebassen auch immer aussähen, am Ende schmecke man unweigerlich die polnischen Brühwürste heraus, mit denen die Ballath-Kinder großgezogen worden waren. Das sei bei jedem ihrer exotischen Rezepte dasselbe.

Genau so ging es mit der afrikanischen Terrine an diesem Abend.

Nach anfänglichem Zögern wurde befreit zugelangt. Mochte gelegentlich fremde, knorpelige Substanz zwischen den Zähnen knirschen, alles in allem war es der vertraute Geschmack polnischer Würste. Auch in die gerät ja, aus Gründen der Sparsamkeit, Knorpel und Nabel und Gottweißwas hinein.

Bald aß man mit ungehemmtem Behagen und versicherte sich gegenseitig, dass die Eingeborenen wohl auch nur Menschen seien. Kulinarisch gesehen.

Sobald der Verstand weiß, was man isst, schmecken unsere Sinne das auch heraus, bemerkte Sömmering. Erst der Begriff von etwas, danach machen die Sinne Eindruck. Dass unser Verstand die Sinne bei der Hand führen muss, das sagen Sie uns ja immer wieder, lieber Kant.

Der allerdings hockte unglückselig in seinem Burnus und brachte nichts herunter. Er hatte sich gewünscht, dass die Gäste sich fremd fühlten, nicht, dass sie sich mit polnischer Wurst vollstopften. Man aß an diesem Abend ja nicht, um den Hunger zu stillen, sondern um sich die Grundzüge der Physischen Geographie sinnlich zu Gemüte zu führen und, so vorbereitet, philosophisch voranzuschreiten.

11

Bevor Konsul Green wieder mit dem Verkauf von Anteilen an der Afrikagesellschaft anfing, und die Herren sich bis zur Atemlosigkeit mit Wurst verstopft haben würden, musste Kant versuchen, ein paar Gedankengänge unterzubringen.

Es gibt, begann Kant, der jetzt ganz zum Kanzelton überging, schwerlich eine Nation, bei der sich der Verstand derart gründlich bis auf die niedrigsten Volksklassen erstreckt, als dies bei der englischen der Fall ist.

Die Herren kauten etwas langsamer. Sie erinnerten sich: Zu Kant wurde man nicht eingeladen, um sich den Bauch vollzuschlagen. Sondern damit man Kants Haus um ein, zwei gute Gedanken bereichert verließ.

Ursache dieser Volksvernunft sei interessanterweise ausgerechnet das weit verbreitete Zeitungslesen auf der hoch zivilisierten englischen Insel.

Konsul Green nickte bescheiden.

Eine Zeitung wiederum leuchtet nur demjenigen ein, der eine Grundvorstellung von der Physischen Geographie hat, sonst kann man die Nachrichten nicht einordnen, und es geht zu wie in Peru. Die Peruaner sind derart einfältig, dass sie alles, was man ihnen hinhält, in den Mund stecken, sie begreifen überhaupt nicht, dass man mit manchen Gegenständen Besseres tun kann, als sie in den Mund zu stecken. Sie würden auch in eine Zeitung beißen, gäbe man ihnen eine.

Konsul Green hätte an dieser Stelle gerne etwas über die Dividende gesagt, die seine Kautschukgesellschaft abwerfen wird.

Aber wenn Kant in Fahrt war, ließ er sich von Dividenden nicht bremsen. Er muss es weiß Gott verstanden haben, sein Publikum zu fesseln. Moralische Zeigefingerei vermeiden, und zwar gerade dann, wenn die Moral das eigentliche Thema war, darauf kam es an. Nur hier und da mal eine Ermahnung einstreuen, man muss sie gar nicht sofort begreifen, wie ein ungemahlenes Pfefferkorn, auf das man im Birnenkompott unversehens beißt. Die Zuhörer sollten den Eindruck bekommen, sie zögen ihre Schlussfolgerungen selbst, auch wenn es am Ende immer die seinen waren.

Schwungvoll öffnete er den Herren die Atlanten der Welt, die die Regale seiner Phantasie füllten, strich auf den riesigen weißen Flächen im Süden und weit im Osten das *Hic sunt leones* aus und färbte das Weiß mit kräftigem Pinsel ein.

Er begann damit, wie die Physische Geographie die Menschen dazu zwingt, Sitten und Gebräuche herauszubilden, die wir Ostpreußen zunächst als fremd, ja geradezu irrsinnig ansehen müssen.

Die Fritzin wies einladend auf die Terrine. Die Herren schöpften eine zweite Portion.

Konsul Green wedelte zustimmend mit der Nilpferdpeitsche. Ein Geschäftspartner hatte ihm erzählt, die afrikanischen Häuptlinge besiegelten durch solches Gewedel ihre Verträge mit dem Nachbardorf. Der Zinssatz, der Zinssatz der Kautschukgesellschaft hätte jetzt ausgezeichnet hereingepasst. Aber Kant ließ sich nicht abbringen.

Von Ostpreußen über England nach Peru also, und von dort aus kam er zu immer merkwürdigeren Sitten der Völkerschaften, die diese seit Jahrtausenden pflegen, und die ihnen, wie man so sagt, in Fleisch und Blut übergehen.

Keine dieser Sitten und Gebräuche entsteht zufällig, nur Geduld, er werde Beispiele davon geben.

Zuerst das Allgemeine. Das Klima, die Luft, der Boden erzwingen Sitte und Gebrauch oder machen sie wenigstens sinnvoll und verständlich. Und so entwickelt sich – Kant benutzte den Ausdruck *auswickeln* – jeweils nur auf einem ganz bestimmten Humus, Felsboden, Wüstensand oder Tundra, unter einer ganz bestimmten Sonne und mithilfe ganz spezieller Winde zwangsläufig eine innige, ja, bald unauflösliche Verbindung zwischen Geographie, und dem Charakter der Menschen, die von dieser Geographie geprägt sind. Daher eben – Physische Geographie, von den Sitten zur Sittlichkeit.

Weil dergestalt die Physische Geographie ortsgebunden unterschiedliche Menschen, Gruppen, Rassen auswickelt, wollte Kant bei der Erörterung der Frage, welche Geographie welche Rassen auswickelt, und welche speziellen Fähigkeiten und Eigenschaften diese dann jeweils besitzen, mit dem anfangen, was jedem geläufig ist: mit der Hautfarbe. Das ist ja der augenfälligste Unterschied. Alles andere ergibt sich. Zwanglos.

Weil er den Eindruck hatte, er müsse bei Jungfer Fritz wegen der Brühwurst etwas wiedergutmachen, flickte Kant, bevor er vollends anschaulich werden wollte, noch schnell ein Kompliment ein:

Zieht man eine zum Äquator parallele Linie mitten durch die deutschen Lande, dann leben ein paar Meilen oberhalb und ein paar Meilen unterhalb dieses gedachten Nordäquators die schönsten Leute des festen Landes.

Wissenschaftlich interessiert ließen die Herren ihre Blicke über das Leopardenfell gleiten. Jungfer Fritz errötete.

Jetzt hatte er seine Zuhörer. Fein lächelnd fuhr Kant fort:

Je weiter nach Süden, desto mehr vertieft sich die brünette Farbe, Magerkeit und Kleinheit der Statur nehmen zu, bis sie in der größten Hitze dann in die indisch-gelbe oder mohrische Gestalt ausarten. Man kann im Grunde sagen, dass es nur in Afrika und Neuguinea wahre Neger gibt. Nicht allein die gleichsam geräucherte schwarze Farbe, sondern auch das schwarze, wollige Haar, das breite Gesicht, die platte Nase, die aufgeworfenen Lippen, die plumpen, großen Knochen, all das zusammengenommen: typisch Neger.

Interessanterweise werden Neger weiß geboren, außer ihren Zeugungsgliedern und einem Ring um den Nabel, die schwarz sind. Von diesen Teilen aus zieht sich die Schwärze ab dem ersten Lebensmonat über den ganzen Körper. Innerhalb kurzer Zeit ist ein afrikanischer Säugling schwarz von Kopf bis Fuß. Verbrennt ein Neger sich, wird die Stelle weiß. Auch lang anhaltende Krankheiten entfärben die Neger, erhellen das Schwarz, ja, machen sie praktisch weiß. Aber ein solcher durch Krankheit weiß gewordener Körper wird nach dem Tode noch viel schwärzer, als fiele er in seinen naturgegebenen Zustand zurück, Erde zu Erde, Staub zu Staub.

Die glühende Sonne, womit er zu einer der Grundtatsachen der Physischen Geographie zurückkehrte, zwingt unsere Mohren mithin dazu, sich mit einer dicken, ledrigen Haut zu schützen. Das ist auch die Rücksicht, derethalben man sie nicht mit Ruten, sondern mit gespaltenen Röhren peitscht: damit das Blut einen Ausgang findet und nicht unter der dicken Haut eitert.

Wie nun soll man die Entstehung solcher Hautfarben und die Festigkeit, mit der diese Farben an die Nachkommen weitergegeben werden, verstehen und rechtfertigen?

Der korrekte Gebrauch der Schwanengurgeln bestand darin, sie gründlich auszulutschen. Die Fritzin machte es vor.

Einige der Herren, die darin nicht geübt waren, erzeugten laute Geräusche. Anschließend wussten sie nicht, wohin mit der leeren Gurgel.

Sömmering war der erste, der dies tierische Körperteil, nachdem er es länger zwischen den Anatomenfingern hin- und hergerollt hatte, unter die Tischplatte warf. Die anderen machten es ihm erleichtert nach. Afrika, nicht wahr.

Konsul Green wischte sich das Schwanenfett aus dem Mundwinkel und wollte Kants Frage nach der Entstehung der Hautfarben durch

Erläuterung der Dividende beantworten, die die Anteilszeichner seiner Kautschukgesellschaft erwartete. Sein Nicken in Richtung Mister Motherby war die Bitte, der solle auf einem grünen Zettel die Dividendenerwartung mit ein paar Schlüsselzahlen verdeutlichen.

Aber Kant ließ sich nicht unterbrechen.

Nun, meine Herren, denken Sie einfach daran, wie verbreitet Veränderungen der Hautfarbe im gesamten Tierreich sind. Es ist aus der Verschiedenheit der Kost, der Luft, der Sonne und der Erziehung zu erklären, warum einige Hühner ganz weiß werden. Wenn man nun unter den vielen Küchlein, die so ein tüchtiges Hühnerpaar in die Welt setzt, nur diejenigen heraussucht, die weiß sind, und sie verpaart, bekommt man schlussendlich eine weiße Hühnerrasse, beharrlich sprach Kant das Wort so aus, wie es geschrieben wurde: *race*, die dann nicht mehr in eine braune, schwarze, gelbe oder sonst eine Farbe entartet.

Ein anderes Beispiel, Sie kennen es gut: Hunde, aus Europa nach Afrika verbracht, werden dort unweigerlich stumm und kahl, und zeugen hernach ebenso stumme und kahle Jungen. Weiße und schwarze Farbe, Stummheit und Kahlheit entstehen mithin, weil die Geographie es erzwingt, und die Geographie sorgt auch dafür, dass Farbe, Sprache, Behaarung verlässlich durch die Generationen hindurch weitergegeben und vererbt werden, und die verschiedenen körperlichen und seelischen Eigenschaften dabei immer besser aufeinander abgestimmt werden. Dass Mohren dann und wann ein weißes Kind zeugen, geschieht ebenso zufällig und selten, wie bisweilen ein weißer Rabe, eine weiße Krähe oder eine weiße Amsel zum Vorschein kommt.

Wie ein Wilder schrieb Mister Motherby auf seine kleinen grünen Zettel, schien aber die richtigen Zahlen oder die treffend knappen Formulierungen nicht zu finden, die Zettel flogen unter die Tischplatte zu den Gurgeln. Die anderen Herren hatten mit der Verdauung der Schwanengurgeln und Kranichmägen genug zu tun.

Die Essgeräusche wurden leiser, Kant wollte das so verstehen, dass der Hunger nach Brühwürsten allmählich gestillt und das Interesse an der Physischen Geographie endlich erwacht war.

Zusammen mit seinen Gästen und Freunden, kündigte er an, werde er nun herausfinden, was Natur, Humus, was die Steine, das Wasser, der Schnee und das Eis, die Heuschrecken und meinetwegen auch das Affenfleisch dem Menschen aufzwingen, wie all diese physischen Beweggründe ihn und seine Nachkommen zwangsläufig zu dem machten, der er ist. Vor allem aber: Wieviel darüber hinaus er doch ist! Dass jeder Mensch verpflichtet ist, die Keime, die wir alle gemeinsam in uns tragen, auszuwickeln und höher zu entwickeln, viel höher, unablässig höher.

Das Menschsein hatte den Philosophen ergriffen wie ein milder Rausch.

Mitten hinein in Urgroßvaters Erinnerung an diesen Abend platzte ein Kanzlist. Er riss die Tür zum Verhörzimmer auf, schaute rechts und links den Korridor hinunter, der leer war bis auf Urgroßvater und das plappernde Mäusefell, ging mit dem Zeigefinger eine papierene Liste hinunter, schaute noch einmal in den Korridor und dann auf Urgroßvater, der sich erhoben hatte.

Der Kanzlist würde ihn jetzt also vor die Commission führen.

Aber der zog die Augenbraue hoch und winkte das Mäusefell hinein.

Urgroßvater setzte sich wieder hin.

Mein Gott, Kant, will Sömmerring an dieser Stelle gesagt haben, ich habe mich schon gefragt, wohin Ihr Mummenschanz führen soll.

Aber dann schmecke ich Jungfer Fritzens polnische Brühwürste heraus und bin beruhigt: Ganz so weit hinaus soll Ihre Gedankenreise offensichtlich doch nicht gehen. Den eigenen Verstand möchten wir gefälligst bemühen? Das ist ja kein neues Ansinnen von Ihnen, das wird bei Ihren Abendessen regelmäßig verlangt, und es fördert die Verdauung. Wir bleiben also mit beiden Füßen auf dem vertrauten Boden der kritischen Philosophie. Sogar in Afrika drüben wird sie den Boden düngen, damit der Kautschuk schneller wächst. Trotzdem, Brühwürste, Kant, fabelhafter Einfall, die mal so zu servieren!

Sömmering hat tüchtig zugelangt, isst gern Deftiges. Sein Appetit leidet nicht einmal dann, wenn er mit gekreuzten Beinen auf dem Boden sitzen soll und die Kienspanfackeln qualmen.

Abenteuerberichte aus Afrika kennt der Anatom zur Genüge. Derzeit lesen die Leute nur Liebesbriefe und Testamente häufiger. Auch wenn Kant das Zeug so lebhaft wiedergibt, als schaukelten Eingeborene ihn gerade in einer Sänfte über die Savannen, und er schaue sich um und sähe alles zum ersten Mal.

Gewiss, gelegentlich waren die Herren Abenteuererzähler tatsächlich und physisch in den Ländern gewesen, über die sie berichten. Meistens allerdings hatten sie mit leicht erhöhter Körpertemperatur und dünnflüssigem Stuhl in einem Hotel auf Sansibar gelegen und hatten den Zimmerkellner über das wüste Leben in seinem Heimatkral ausgeholt. Wenn der Kerl es ausschmückt, eine verbrannte Witwe, einen Tigerhoden, einen arabischen Sklaventreiber dazutut, dann fällt das Trinkgeld reichlicher aus.

Dass der Afrikaner schwarz ist und, rein gestaltlich, dem Gorilla nähersteht als der Jungfer Fritz, für diese fabelhafte Erkenntnis muss man nicht Anatomie studieren. Was aber nun die Hautfarbe, von mir aus auch Schädelform und Buchtung des Steiß, was uns alles das über den Menschen sagt, außer dem Offensichtlichen, dass der Mensch eben schwarz, rot, gelb oder weiß, dickschädelig oder dünnfingrig ist, das müsste mir einer erst einmal erklären. Solche banalen Erkenntnisse sollen die neue philosophische Disziplin der Physischen Geographie begründen? Das kann ich mir von unserem klugen Kant nicht vorstellen. Und weil Sömmering nicht versteht, worauf der Denker hinauswill, versucht er mit seinem Brühwurstwitz über das Unbehagen hinwegzureden, das in ihm aufgekommen ist.

Niemand greift seinen Scherz auf, er hätte genauso gut an die Schuhsohlen hinwitzeln können. Nur Kant selbst ist nachdenklich geworden, weshalb Sömmering fortfährt:

Wir Europäer scheinen zu glauben, dass wir ein Vorrecht über die Neger besitzen, jeder weiß, wie wenig brüderlich wir diese Unglücklichen traktieren. Dass wir bei dieser Behandlung so wenig Gewissensbisse haben, kann nur daher kommen, dass wir die Bedauernswerten für minder wert als uns Weiße halten. Dagegen kann trefflich eingewendet werden, mit der schwarzen Haut und dem dicken Schädel habe das nichts zu tun, man muss nur nach Polen hinüber oder, ein bisschen weiter, nach Russland schauen, welch Erfindungsreichtum, welcher Eifer bei der Versklavung weißer Taglöhner. Die Hautfarbe scheint kein Hindernis zu sein, um einen Menschen zu versklaven, sie liefert höchstens wohlfeile Zusatzgründe, sich wie ein Schwein aufzuführen. Als Anatom kann ich sagen: Der Afrikaner grenzt etwas näher ans Affengeschlecht als wir Europäer. Und ist, trotz dieser Nähe, auch nur ein Mensch. Dabei muss ich gar nicht erst erwähnen, dass mancher Neger uns sogar noch viel näherkommt, uns an Klugheit gerne mal übertrifft. Die Anwesenden ausgenommen, selbstverständlich.

Konsul Green hat etwas über die zivilisierende Wirkung des Kautschukmelkens auf die physische Höherentwicklung des Troglodyten auf der Zunge, Sömmering ist aber noch nicht zu Ende, er will den Bogen zur Physischen Geographie schlagen.

Ja, natürlich, werden Klima und Boden, Hunger und Durst, Roggen oder Reis, Dattel oder Schlehe, sich irgendwie auf die körperliche Verfasstheit auswirken, auch wenn unsere Zähne, Magen und Gedärm die Dattel genauso ungerührt zerkleinern wie die Schlehe, und unsere Leber alles Fremde uns anverwandelt. Es ist gut und wichtig, dass unser Freund Kant darüber nachdenkt, und nicht im Darm und auf der Leber stehen bleiben will. Eine besondere Welt wird auch Besonderes hervortreiben, an den besonderen Hautfarben würde doch nur ein Blinder zweifeln. Als simpler Körperzergliederer würdige ich solch feinern Gedankengänge sicher nicht so, wie es sich gehört. Nur, was um Gottes willen folgt aus all diesen zufälligen Besonderheiten? Dass wir aus Dreck und kaltem Wasser bestehen, für manche hat die Natur lauwarmes Wasser genommen, bezweifelt das jemand?

Dabei sieht er Beifall heischend über den Rübenhügel hinüber zum Professor Johann Blumenbach, auch der ein Anatom und noch berühmter als Sömmering. Blumenbach hat vor kurzem für seine präzise Einteilung der menschlichen Rassen viel Beifall bekommen. Zugleich wunderte man sich, dass ausgerechnet dieser gelehrte Mann behauptet, die von ihm so penibel beschriebenen Variationen der Haut, mit der die menschliche Natur überzogen sei, diese Variationen also seien äußerlich, zufällig, nicht streng voneinander abgegrenzt und böten nicht den kleinsten Hinweis auf die unter dieser Haut steckenden geistigen und charakterlichen Fähigkeiten.

Aber Blumenbach hält den Mund.

Vielleicht haben Kants Darlegungen ihn bedenklich gemacht. Vielleicht kann er Sömmering nicht leiden. Vielleicht verträgt er Kranichmagen schlecht.

Die Frage Sömmerings, ob einer der Herren bezweifle, dass der Mensch aus Dreck und Wasser gemacht sei, hängt also unbeantwortet in der Luft. Man ist damit beschäftigt, die ausgelutschten Gurgeln unter der Tischplatte hin- und herzuschieben.

Einzig Jungfer Fritz besitzt eine Meinung, streichelt diese aber dann nur lächelnd in ihr Leopardenfell.

Na gut, schnaubt Sömmering, erleichtert bin ich jedenfalls, dass es – *race* hin, Hautfarbe her – am Ende stracks auf polnische Brühwürste hinausläuft, wieder mal. Und dass die Freundin unserer Jungfer Fritz, die Schwester Ballath, sich das Rezept aus dem afrikanischen Kochbuch auf ihre unnachahmliche Weise zu eigen gemacht hat. Ist es unbescheiden, wenn ich um eine dritte Portion bitte?

Wieder bekommt er keine Antwort, aber die wartet Sömmering ohnehin nicht ab, um seinen Teller ein drittes Mal zu beladen.

Wie erfreulich, dass wenigstens einer von uns seinen Hippokrates gründlich liest, sagt Blumenbach jetzt leise und verneigt sich in Richtung Gastgeber.

Was heißt das – meinen Hippokrates? Kant ist erstaunt, er war gerade auf dem Sprung zu den Hottentotten.

Nun ich denke, wenn einer auf den Sockel des Erfinders der Physischen Geographie gehört, dann ist das Hippokrates. Es sei denn, man zöge in dieser Frage den Plato vor, bestimmt auch ein Kenner der Materie. Immerhin besaß er fünfzig Sklaven, darunter sollen einige der schönsten Jungfrauen von den Ufern des Schwarzmeers gewesen sein.

Zufällig streift Blumenbachs Blick das Leopardenfell. Jungfer Fritz errötet wieder. Wie oft kann eine weltgewandte Frau im Laufe eines Abendessens erröten?

12

Erst jetzt, vor der Tür des Verhörzimmers, wurde Urgroßvater klar, dass er der Auseinandersetzung dieses Abends – war es überhaupt eine richtige Auseinandersetzung gewesen? – nicht wirklich hatte folgen können. Worüber hatten sie eigentlich gestritten?

Bei der Erwähnung von Platons Sklaven waren ihm die Gedanken ausgerutscht, er hatte plötzlich an Johanne denken müssen. Wieder hatten seine Fingerbeeren gebrannt. Wieder drängten sich entblößte Schädel in seine Vorstellung hinein, wieder diese Gier nach der Berührung glatter Haut. Warum, fragte er sich, nahm Johanne das Angebot des Konsuls nicht an, in der Hafengaststätte zu arbeiten und für die englischen Arbeiter und Matrosen zu sorgen? Natürlich wussten die nicht, was eine auvergnatische Drossel ist, und falls sie je von Bernoulli, Rousseau oder Woellner gehört haben sollten, werden diese feinen Herren ihnen gleichgültig gewesen sein. Sie hatten keine Manieren und zudringliche Pranken. Aber sie würden Johanne und die anderen jungen Frauen, die für sie kochten und wuschen, als ihresgleichen ansehen. Anders als auf Capustigall. Dort war sie ein frisches Stück Fleisch, das zwar ein erstaunliches Französisch sprach und schneidende Einsichten vorbrachte, sich am Ende aber doch jedes Mal fügen musste. Oder wollte.

Wenn Johanne nicht mit an der Tafel saß und der Gräfin Birnenkompott und Widerspruch hinüberreichte, unterhielt man sich gern über ihren samtigen Teint, ihr widerspenstiges Haar, über das sich offensichtlich keine Perücke stülpen ließ, über Knielampen und darüber, dass man für so einen aufgerauhten französischen Akzent, *mon Dieu*, für den muss man schon unreines Blut haben. Denn, nun ja …

Einmal, Johanne saß wie jedes Mal, wenn er die gräfliche Perücke hergerichtet hatte, in der Küche neben ihm, hatte Urgroßvater sie darauf ansprechen wollen. Wegen seiner hugenottischen Höflichkeit hatte es gedauert und gedauert, bis er halbwegs verständlich herausgequetscht hatte, was er sie eigentlich fragen wollte.

Johanne hatte sofort begriffen.

Warum Gräfin Caroline ihr an der Abendtafel einen Platz gibt, das weiß sie gut: Sie ist jung, unansehnlich ist sie ja auch nicht. Vor allem ist sie eine Dienstmagd, die zu tun hat, was man ihr anschafft. Für sich allein wäre jede dieser Eigenschaften noch nicht sehr interessant. Aber wenn alles zusammenkommt, dann kriegen die Herrn Marschälle, Mathematiker und Komponisten schon mal diesen begehrlichen Blick. So geht es zu in der Manns- und Herrenwelt, sie kann das nicht seltsam finden oder schlimm.

Noch ihren Kindern will sie erzählen, dass der Blick eines Bernoulli ihren Ausschnitt gestreichelt hat, dass sie die Hand eines Grafen Dohna-Schlobitten auf dem Schenkel gespürt hat. Ob sie hier die Knielampe …? Das erregt einen, das macht ein Mädchen doch weich, weil da spürt es, dass die Mathematiker und Grafen auch nur, ach was. Jedenfalls: Einem Mädchen ihres Alters und ihrer Herkunft muss man nicht vorbuchstabieren, dass sie nicht wegen ihres Drosselakzents oder ihres Standpunkts in Sachen Woellner mit am Tisch sitzen darf. Lehrjahre sind doch Herrenjahre, und für eine Magd dauert die Lehre genau so lange, wie sie jung und hübsch ist. Das hat schon seine Richtigkeit.

Seit sie allerdings Capustigall mit Abschiedsaugen sehe, fuhr Johanne fort, es war lange über einen Aufenthalt in Kassel gesprochen worden, aber mittlerweile solle es eine andere Aufgabe für sie geben, Gräfin Caroline habe sich rätselhaft ausgedrückt, seither komme ihr manches an der Abendtafel und nach der Abendtafel und überhaupt bedenklich, nein: leidig?, unrätig?, empörlich? vor. Warum zum Beispiel schenkte ihr die Gräfin jede Woche ein Stück Olivenseife, kostbare Seife, gewiss, aber eben: Seife. War es, weil die Gräfin meinte, irgendetwas Schmutziges, Dunkles, Festsitzendes, etwas, das ihr vielleicht sogar im Blut sei, müsste von Grund auf herausgewaschen werden? Sieht man mir denn irgendetwas an?

Hast du dich dabei ertappt, Urgroßvater, wie du auf Johannes Lippen starrst, und dich fragst, ob sie doch ein kleines bisschen aufgeworfen sind? Die Knochen über den Augenbrauen – sind sie etwas zu sehr herausgearbeitet? Oder das Haar sehr drahtig? Hast du dich geschämt, weil du das Mädchen jetzt auch schon so anstarrst, wie die Keyserlingk-Gäste es tun? Bist du wütend geworden wegen der Friseursgedanken unter deiner façon, und wegen der brennenden Fingerbeeren?

Bevor Urgroßvater mir antworten konnte, riss der Kanzlist die Tür zum Verhörzimmer auf, schob das Mäusefell am Ellbogen aus dem Zimmer und wies den Gang hinunter. Das Mäusefell schaute auf Urgroßvater, trug dabei ein Tablett, auf dem Tassen mit braunen Rändern standen. Im Zimmer drin hatte er wirklich nur Gutes über Urgroßvater berichtet, wie ausgemacht. Er vollführte eine Art Walzerschritt ohne Tanzpartnerin, und trug das Tablett dann in die angewiesene Richtung.

Urgroßvater hatte sich sofort wieder erhoben. Das wird der Kanzlist gar nicht gemerkt haben, er drehte sich um und schloss die Tür hinter sich.

Urgroßvater glaubt, dass das Gespräch, nachdem Blumenbach den Gastgeber Kant, bestimmt ohne Absicht, aus dem Konzept gebracht hatte, irgendwie an Schwung verloren hatte. Vielleicht hatte Kant gar kein Gespräch geplant, sondern eine Vorlesung, bei der er die Physische Geographie an seinen Gästen ausprobieren wollte. Vielleicht war auch einfach nur die Brühwurst zu fett gewesen.

Noch einmal versucht Kant, die Phantasie seiner Gäste aufzureizen, indem er besonders anschauliche Beispiele aus den Abenteuerberichten zitiert:

Die eigentlichen Einwohner Afrikas, meine Herren, sind die Hottentotten. Sie haben schwarzes wolliges Haar wie die Negers und einen dünnen, ebenfalls wolligen Bart. Dennoch unterscheidet die Wissenschaft sie von anderen Negers. Sie drücken nämlich ihren Kindern bald nach der Geburt die Nase oberwärts ein, so dass sie als Erwachsene eine ungeschickte, aufgestutzte Nase und dicke Wurstlippen haben. Die Weiber haben ein natürliches Fell am Schambeinknochen, welches ihre Geschlechtsteile bedeckt, obwohl sie darüber noch ein Schaffell tragen. Sie werden alt, sind sehr schnell zu Fuß, und salben ihre Haut mit Hammelfett, um die Schweißlöcher gegen die gar zu große Austrocknung der Luft zu bewahren. Täglich balsamieren sie ihre Haare damit und auch ihren Schafpelz, den sie mit Kuhmist, welches überhaupt ihr Lieblingsgeruch ist, stark einsalben und mit Ruß und Fett einschmieren.

Ach, mein sehr lieber Kant, unterbricht Blumenbach, über seinen Augenbrauen wölben sich rechts und links die Stirnknochen heraus, wie immer klingt seine Stimme so, als habe ihn der Gesprächspartner gerade ziemlich enttäuscht, lieber Freund, dann gestattet Ihr mir wohl, nun doch eine kleine Nachhilfe im Hippokrates zu geben. Also:

Auch in Europa gibt es Stämme, die sich in Statur, Gestalt und Mut voneinander unterscheiden, schreibt Hippokrates vor mehr als zweitausend Jahren, leider muss ich ihn aus meinem schwachen Gedächtnis zitieren. Bewohner einer gebirgigen, zerklüfteten, hohen und bewässerten Gegend, schreibt er, wo der Wechsel der Jahreszeiten scharfe Kontraste zeigt, sind von großer Statur, ihre Natur ist von Ausdauer und Mut ausgezeichnet, und sie besitzen nicht wenig Wildheit. Die Bewohner des Tieflands, wo es auf den Wiesen eher heiß als kühl und das Wasser warm ist, sind weder groß noch sind sie gut gebaut, sondern breit, fleischig und dunkelhaarig, eher dunkel als hell und neigen weniger zum Schleim als zur Galle.

Die wichtigsten hippokratischen Faktoren, die bleibende Unterschiede in den Menschen hervorrufen, sind also Hochland oder Tiefland. Hernach kommen die weiteren Faktoren: das Land, wo einer aufwächst, und das Wasser. Denn im Allgemeinen findet man sowohl den Körperbau, als auch die Eigenschaften der Bewohner an die Beschaffenheit des Bodens angepasst. Wo das Land reich, weich und das Wasser nah an der Oberfläche liegt, da sind die Bewohner fleischig, ungelenkig, feucht, faul und feige im Charakter. Schlaffheit und Schläfrigkeit sind bei ihnen zu beobachten, dickköpfig sind sie und natürlich weder scharfsinnig noch scharf.

Wo aber das Land kahl, wasserlos, von den Winterstürmen bedrängt und von der Sommerhitze verbrannt wird, da findet man die Menschen hart, mager, gelenkig, kräftig und behaart, von energischer Natur, wachsam, hartnäckig und unabhängig im Charakter, von überdurchschnittlicher Schärfe und Intelligenz und mutig im Krieg. Was auf der Erde und was aus ihr wächst, alles passt sich der Erde an und enthält ihre lokalen Elemente.

So weit, und so möglicherweise etwas lückenhaft von mir wiedergegeben, Hippokrates. Was, verehrter Kant, bringt Eure Physische Geographie ihm gegenüber Neues? Für Hippokrates ergeben sich Unterschiede in Klugheit, Mut und Körperbau daraus, ob einer in den Bergen aufwächst oder im Tiefland. Dem fügen Sie, mein Lieber, allenfalls die Hautfarbe hinzu. Von der redet Hippokrates in der Tat nicht, auch wenn er gewiss nicht farbenblind war. Während Sie, mein lieber Kant, ja alles Andere darauf beziehen und damit rechtfertigen. Naturwissenschaftlich gesehen ist das – Urgroßvater erinnert sich, dass Blumenbach bei dieser Gelegenheit eine Gurgel zwischen den Fingern dreht wie eine Kurbel – ist das eine sehr dünne Suppe.

Wenn man einmal losgehüpft ist, kann man sich schwer mitten im Hüpfen umdrehen und die Richtung ändern. So muss es Kant gegangen sein. Dem fällt zu Blumenbachs Hippokrates jetzt nichts anderes ein, als dass er den Hippokrates übergeht und weitermacht in seinem Hottentotten-Bericht.

Die Hottentotten, seine Stimme ist einen Halbton hinauf, sind ehrlich und sehr keusch, auch gastfrei, aber ihre Unflätigkeit geht über alles. Man riecht sie schon von Weitem. Ihre neugeborenen Kinder salben sie recht dick mit Kuhmist und legen sie so in die Sonne. Alles muss bei ihnen nach Kuhmist riechen. Was ihre Speisen anlangt, so sind sie die größten Liebhaber von Gedärmen.

Die Herren schauen betreten unter die Tischplatte.

Sie machen Kochtöpfe aus Erde von Ameisenhaufen, ihr Löffel ist eine Muschel. Branntwein ist ihr ergötzlichstes Getränk, von dem sie, so wie vom Tabakrauchen, fast rasend werden. Die Butter machen sie durch Schütteln der Milch in Säcken von rohen Ochsenhäuten, deren raue Seite nach außen gekehrt ist. Aber sie brauchen sie nur, um sich zu schmieren.

Kein Volk, keines, besteht hartnäckiger auf seinen Gewohnheiten. Man hat noch keinen Hottentotten zur Annahme des christlichen Glaubens bewegen können. Wenn sie Zwillinge bekommen, und eins ein Mädchen ist, so begraben sie es lebendig. Wenn ein alter, unvermögender Mensch seine Nahrung nicht mehr suchen kann, so schaffen sie ihn beiseite, lassen ihm etwas Vorrat, damit mag er verhungern. Sie halten viele zum Streit abgerichtete Ochsen.

Nicht einmal darauf eine Reaktion. Jetzt kann Kant sich nicht mehr darüber hinwegtäuschen: übersättigt, seine Zuhörer sind übersättigt.

Er bricht ab, starrt auf das Leopardenfell, als könnte sich in dem komplizierten Muster ein Ausweg öffnen. Abgeschmackt, so kommt ihm der ganze Abend plötzlich vor. Die Terrine stößt ihm auf.

Blumenbach, in letzter Zeit hörte man so viel Widersprüchliches von ihm, wird in Gedanken schon längst wieder bei dem, ja, wie soll er sagen: wunderschönen?, klassischen?, idealen? Schädel gewesen sein, den der Baron Asch ihm geschickt hat, eine Georgierin, oder, wie der Baron Asch sich ausdrückte, eine venerische Grusinerin, die im Türkenkrieg gefangen worden war. Den Schädel hatte Baron Asch aus der Moskauer Prosektur. Blumenbach überlegt, ob er, einfach aus Gründen der Schönheit, die oberste Rasse in der Rassenhierarchie als georgische Rasse oder eher als kaukasische Rasse bezeichnen soll.

Es ist still geworden. Nur, wenn doch mal ein Knie in den Haufen Schwanengurgeln unter der Holzplatte stößt, ein nasses Geräusch.

Blumenbach sagt dann noch, dass ihm seit Kurzem schleierhaft geworden ist, was die Geographie eigentlich erklärt, denn recht viel gescheiter sind wir darin in den letzten Jahrhunderten, entgegen dem sonstigen wissenschaftlichen Fortschritt, ja nicht geworden. Was, das muss er leider eingestehen, seine eigenen misslungenen Erklärungsversuche in Sachen Rasse einschließt.

Bei den Lärchen spielt es eine Rolle, auf welchem Boden sie gewachsen sind, und wie die Sommer waren, damit man gute Schindeln daraus haut. Und Klangholz für Violinen gibt es auch nur an wenigen Berghängen, die Klangfichten verlangen harte Winter, der Schnee muss ihnen die Zweige abreißen. Wir Menschen dagegen wachsen nicht wie das Holz, und nicht wie Holz schlägt man uns nur in den Monaten mit einem »r« am Ende. Inzwischen habe ich den Verdacht, dass Hoch- oder Tiefland, Galle oder Schleim und auch die Hautfarbenlehre überhaupt nichts erklären. Sie sollen nur rechtfertigen. Das Erste ist immer die Herrschaft des Menschen über den Menschen. Als Zweites wird dann das Hochland und das Tiefland rechtfertigend nachgeschoben, Schwarz, Gelb oder Weiß. Die Erklärungen wechseln, das Erklärte bleibt.

Damit schiebt er den Teller weit von sich. Er hat fast nichts gegessen.

13

In seinem recht ausführlichen Tagebuchbericht über den Kantschen Afrikaabend schreibt Sömmering, dass dieser Abend seiner Ansicht nach Ergebnisse hatte, die weder Kant noch Green erwartet oder gewünscht haben können.

Er behauptet auch, Blumenbach soll seit dem Abend immer heftiger an der Hautfarbenlehre gezweifelt haben, die er selbst in die Welt gesetzt, oder jedenfalls populär gemacht hatte.

Was Howard Motherby eingefallen war, sollte seine Bedeutung erst sehr viel später bekommen. Er hatte Kant viele grüne Zettel zugeschoben, Sömmering hatte einen Blick auf einige werfen können: *leute auf die werft karren,* KEIN IMBISS, *barely eine flasche sweet cider,* SATTE KUNDEN SIND KEINE!, stand auf dem einen, für Motherbys Verhältnisse geradezu geschwätzig, und auf dem anderen: *nicht mit würsten handeln, besser mit* WURSTBEGIERDE!

Kant warf sie ungelesen zu den ausgelutschten Gurgeln.

Inzwischen hatten die bis zum Kinn vollgestopften Gäste gemerkt, dass Kant von ihnen mehr erwartet haben musste als einen tüchtigen Appetit.

Kant war niedergeschlagen. Nicht nur den Verstand seiner Zuhörer hatte er zu eigener Tätigkeit anregen wollen, das war ohnehin gründlich danebengegangen, und darauf hatte er erst gar nicht alles gesetzt. Ihre Sinne hatte er erreichen wollen, ohne die ist jede Verstandestätigkeit hohl. Nur wenn unsere Sinne geweckt sind, reißt es auch unseren Verstand aus seinem ewigen Dösen. Dafür die fremden Speisen. Die Kienfackeln. Der viel zu lange Burnus, die stöhnenden Sitzkissen des Täschners Gimmler. Umsonst.

Konsul Green versuchte, aus dem Abend wenigstens das Geschäftliche zu retten, darauf läuft schließlich die Nutzanwendung aufgeklärter Philosophie hinaus.

Es sei den wenigsten klar, predigte er den Rückseiten der Mäntel, in die sich die Gäste Abschied nehmend zwängten, welch eminent praktische Bedeutung die Gedanken seines Freundes Kant hätten. In seiner jüngsten Vorlesung über Physische Geographie habe er etwas gesagt, was die Kautschukgesellschaft, die hoffentlich bald ihrer aller Gesellschaft sei, sich sofort ins Kassenbuch geschrieben habe, nämlich, und das wolle er ihnen auf den Heimweg nun doch noch mitgeben:

Die Mandique sind unter allen Negern die allerbeliebtesten, kein Wunder, weil sie die arbeitsamsten sind. Sie sind die besten Sklaven, weil sie in der größten Hitze, die kein Mensch aushält, immer noch arbeiten. Von dieser speziellen Negernation müssen jährlich zwanzigtausend gekauft werden, um den natürlichen Abgang und Verschleiß in America zu ersetzen, wo sie zur Bearbeitung der Gewürzbäume und überhaupt für das ganze Etablissement unersetzlich sind. Man kriegt die Neger, indem man sie dazu bringt, sich selber gegenseitig zu fangen; man muss sich ihrer, man möge ihm den Pleonasmus verzeihen, mit Macht bemächtigen.

Bis auf meinen Urgroßvater und die beiden anderen Herren des Vorstands der Kautschukgesellschaft, Konsul Green und Mister Motherby, gingen alle, bedrückt vom vollen Magen oder von ihrer Unfähigkeit, geistreich zu sein. Eine letzte Kienspanfackel qualmte vor sich hin.

Die Fritzin hatte den Abgang der Herren mit offenem Mund beobachtet. Wütend schaute sie nun auf Kant, der seinerseits starrte auf die abgegessene Tischplatte.

Na, wenn das mal kein gelungener Abend war, ein rundherum gelungener, da gratuliere ich recht herzlich aber auch, tobt sie und steckt die Kienspanfackel in einen Wassereimer, wo die stinkend verlöscht.

Noch einmal mach ich nicht den Buckel krumm für deine aufgeblasene Geographie. Da lädst du besser diese Johanne von Capustigall ein. Mit ihrer stadtbekannten Sinnlichkeit versetzt dir die Dame die Herren im Handumdrehen auf deinen finsteren Erdteil, dafür braucht die keine Schwanengurgel und keinen Reihermagen, dafür tut es schon ihr Ruf.

Schwungvoll will sie sich das Leopardenfell von der Schulter reißen, verhakt sich damit an der Metallspange, zerrt ihr Kleid hoch, zupft es wieder hinunter, dann landet das Fell halb auf der Tischplatte, halb auf dem Parkett.

Johanne? Was hat diese Dienstmagd in der Physischen Geographie verloren? fragt Kant erstaunt.

Meine Güte, jetzt gibt man auch noch den Naiven, will nicht von nichts gehört haben. Man spielt sich auf den Denker und Lehrer der Capustigaller heraus, kann gar nicht oft genug hinausfahren, als wenn man es nicht wegen dieser Magd mit ihrem schmutzigen Ruf tut. Für wie dumm hältst du mich? Genau wegen diesem Ruf, ausschließlich deswegen, setzt die Gräfin das Weib doch an die Abendtafel. Nein, die Lampe habe ich ja nicht gehalten, aber sagen kann ich: von nichts kommt nichts.

Kant ist verblüfft. Seine zukünftige Verlobte Jungfer Fritz hat diese Johanne doch noch nie gesehen.

Ist auch überflüssig. Reicht doch, wenn ich weiß, dass es in dieser zusammengeschwägerten Bauernsippe mal einen Kammermohren gegeben hat, nur von so einem kann diese niedrige Sinnlichkeit, ach was: diese Triebhaftigkeit herkommen. Sowas wächst doch nicht auf einem ostpreußischen Acker, Herr Physischer Geograph. Das wisst ihr Männer haargenau, und falls es einer wirklich nicht weiß, steckt die Gräfin es ihm schleunigst. Denn das ist es ja, was euch Männer an diesem schwarzen Erdteil in Wirklichkeit so erregt: Endlich mal Weiber, die sich nicht wehren, nicht wehren wollen oder können, die keinen Stolz haben und sich mit jedem verpaaren, wie du das nennst. Den Herren spielen, Herr bleiben samt Aufklärung, das schmeckt euch. Kautschuk, Radiergummi, Zivilisation, dass ich nicht lache. Was die Physische Geographie angeht, interessiert euch nur die Physis der schwarzen Weiber. Mir erzählst du doch nichts, Kant, nicht mir.

Urgroßvater ist schon klar, warum die Fritzin vor Wut auf dem Fell des Leoparden herumtrampelt. Das Gerücht über Johanne kennt er auch, genauso wie Konsul Green es kennt, und ja, er schämt sich, dass er selbst es kennt, dass er es nicht sofort zurückgewiesen hat, als sie es ihm steckten. Dass ihm sogar jetzt, vom Geschimpfe der Fritzin, die Fingerbeeren zu brennen anfangen. Ob so ein Gerücht wahr ist oder nicht, spielt überhaupt keine Rolle mehr, das ist das Schlimme daran. Man sucht einen Grund, um sich einen anderen Menschen gefügig zu machen. Aber ein gutes Gewissen will man bei dem Vorhaben bitte auch behalten, es soll sich darum handeln, eine Pflicht zu erfüllen. Da verschafft ein Gerücht bürgerliche Erleichterung.

Tatsächlich hatte Johanne ihm in der Küche von Capustigall erzählt, in ihrer Familie gehe die Rede von einem guten Mann, der sich für ihr kleines Bauernleben und ihre Sorgen interessiert hatte, vor langer Zeit muss das gewesen sein. Wenn er konnte, soll er geholfen haben, mit Geld, mit Zuhören oder dass er selber mit auf den Rübenacker ist.

Sagen Sie, Étienne, was glauben Sie: Etwas, über das keiner redet, das gibt es auch nicht, das tut nichts und tut nicht weh? Erst wenn drüber geredet wird, dann gibt es dieses Etwas, dann ist es da und keiner kann es mehr wegspekulieren? Ist das so?, hatte Johanne wissen wollen.

Urgroßvater wusste es nicht. Das sei eher eine Frage an Herrn Kant, nicht an ihn, einen gewöhnlichen *façon*-Schneider, der sich von Berufs wegen nebenbei mit der Anatomie des Gedankenmuskels befasse. Für einen hugenottischen Friseur stelle sich so eine Frage gar nicht. Entweder wachsen Haare auf dem Schädel oder halt keine. Herbeireden lasse sich das Haar nicht.

Den guten Mann aus Johannes Familiengeschichte musste es von Westindien nach Ostpreußen verschlagen haben. Er war einem Vorfahren des Grafen Gebhardt geschenkt worden, vielleicht hatte der ihn auch angekauft. Seinerzeit, ja bis heute, haben die Fürsten sich gern Mohren gehalten. Das bewies ihre Weltläufigkeit und zeigte, dass sie durchaus die Mittel hatten, um bis in die wüsten Gegenden zu kommen, in denen solche Mohren wuchsen.

Den Keyserlingks hatte er lange Zeit als Kammermohr gedient. Ein lebenslustiger, kluger und enorm gutaussehender Mann, so stellte Johanne ihn sich vor. Eine Keyserlingk-Tochter, Eleonore, musste jedenfalls unvermittelt zur Kur nach Süddeutschland, obwohl man ihr keinerlei Leiden angesehen haben soll. Nicht viel später wurde ein männlicher Säugling in die Familie Keyserlingk, nun ja: aufgenommen. Eleonore, zurück von der Kur, muss sich praktisch in das Kind verliebt haben, so rührend kümmerte sie sich darum. Der Junge hatte dunkles Haar, blaue Augen und eine Haut wie Milch und muss später, ohne dass er es darauf anlegte, es wird ihm nicht einmal bewusst gewesen sein, stark auf Frauen gewirkt haben. Damit er in dieser Hinsicht kein Unheil anrichtete, wurde er, gerade erwachsen geworden, mit einer sehr viel älteren verwitweten Bauersfrau nach Capustigall wegverheiratet, die Witwe bewirtschaftete hinter dem Haus einen mühseligen Acker und nach vorne hinaus einen kleinen Küchengarten. Die Frau pachtete Land vom Keyserlingk dazu, der Kammermohr soll ihr das Geld dafür gegeben haben, und auch sonst war er viel mit ihnen zusammen.

Das war eigentlich alles, was Johanne einigermaßen sicher wusste. Wie er in ihre Familie hineinpasste, konnte sie nicht sagen, und im Grund war davon ja auch nichts amtlich. Einzig, dass in den uralten Abrechnungen des Grafenhaushalts ein Kammermohr auftauchte. Er wurde nicht, wie die meisten anderen Kammermohren, nach seinem Tod ausgestopft, über irgendwelche Ähnlichkeiten gab es deshalb nur Mutmaßungen.

Nein, richtiggehend fremd ist sie sich nie vorgekommen, sagte Johanne auf Urgroßvaters Frage, daheim natürlich sowieso nicht und nicht auf Capustigall. Höchstens ein bisschen leichter als die anderen Kinder, die ihr manchmal vorkamen wie mit Stricken in den ostpreußischen Boden geknotet. Bei den Keyserlingks hatte sie sich, trotz der Seifenstücke der Gräfin, gefühlt wie eine Verwandte, ärmlich, aber verwandt. Wobei: Daheim oder nicht, ärmlich war wichtiger als verwandt, man darf nicht vergessen, dass es ein Oben gibt und ein Unten, und niemand wird in die Mitte zwischen beide hineingeboren. So ist das.

Natürlich himmelten Carl und Otto, die beiden Söhne, sie an. Was erwartet man von fünfzehnjährigen Knaben anderes, als dass sie jeden Morgen wieder glauben, sie hätten sich soeben in ihre Französischlehrerin verliebt. Amüsant sei das und harmlos. Immerhin hat die Gräfin erlaubt, dass sie an Kants Mathematik- und Physikunterricht der Söhne teilnehmen darf. Wo sonst kann eine Dienstmagd den Satz des Pythagoras lernen als bei den Keyserlingks.

14

Was ist, Urgroßvater, findest du vor lauter Hugenottischsein wieder mal die richtigen Worte nicht? Es stößt dich doch ab, wie Johanne in Capustigall behandelt wird, begreifst du denn, warum die warmherzige Caroline das zulässt? Warum fährst du immer und immer wieder hinaus nach Capustigall, als verginge das Brennen deiner Fingerbeeren nur, wenn du die nackte gräfliche Schädelhaut berührst? Ich weiß, Klara redet dir zu hinauszufahren, vergiss nur nicht, eine ordentliche Rechnung auszustellen, manche Perücken machen halt mehr Mühe als andere. Wie oft hast du dir schon vorgenommen, jetzt endlich etwas zu sagen, und nur weil du das loswerden musst, bist du jetzt schon wieder dort. Und dann bleibt es dabei, dass du das Schädelfett aus der Keyserlingkschen Perücke kratzt, in der ungeschickten Wut reißt dir dabei die gewebte Perückenhaube ein, und da hast du gleich einen Grund, am nächsten Tag wieder hinauszufahren.

Das Ganze muss Urgroßvater so gebeutelt haben, dass er sich einen Streifen Stramin griff und anfing hineinzusticken: Es gibt Menschen und Menschen. Zweierlei Mensch darf es nicht geben.

Wobei er mit dem Sticken dieser Einsicht nicht vorankam, weil er jeden Tag den Faden, den er durch die Karos gefädelt hatte, wieder herauszog.

Mit dem Stramin war es ansonsten so:

Wurde es zwischen Urgroßvater und Klara grundsätzlich, dann setzten sich die beiden in getrennte Zimmer und stickten ihre Argumente, sentenzmäßig zusammengefasst, in Sudanstramin, Klara mit roter, Urgroßvater mit grüner Wolle. Die Straminstreifen mit der eingestickten Sentenz wurden an die Toilettentür gehängt, immer ein Streifen unter den anderen.

Gegenwärtig hing dort zuunterst Urgroßmutters Sentenz: Aufkläricht ist der Ausgang des Menschen aus seiner selbstverschuldeten Unmündigkeit.

Sie hatte es einfach hineinstechen müssen, als Urgroßvater ihr zum hundertsten Mal erklärte, wie dringlich die Abschaffung der Perücke aus Sicht der Aufklärung ist.

Wenn die Eltern nach dem Abendessen nicht die Perückenrechnungen durchgingen, wenn sie nicht über den Haushalt oder Klaras Garten redeten, sondern wenn jeder von ihnen in ein separates Zimmer verschwand und dort mit roter oder grüner Wolle stichelte, dann wussten die Kinder: Es ist wieder Straminkrieg.

Ein richtiger Krieg war es eigentlich nicht, eher eine Methode, den richtigen Krieg zu vermeiden.

Manche Gedanken lassen sich in den Kästchen des Stramin leichter herausbringen und ruhiger anschauen. Der Zorn verfliegt, je länger das Sticheln und Sticken dauert, ebenso der Drang, die Straminstreifen des anderen abzureißen.

Am Ende der Stickerei sahen sie zwar das Argument immer noch nicht ein, vergaben einander aber gern, weil mit dem Sticken ohnehin viel Zeit vergangen war, weil man die Mühe schätzte, die es kostet, seine Überzeugung sauber in den Stramin zu bekommen, und weil die Perückenrechnungen längst wieder durchgegangen werden mussten.

Ich habe mich gefragt, warum die beiden ihre Straminstreifen nie heruntergenommen haben. Sie blieben, wo sie waren, Wetteraufzeichnung einer Ehe an der Aborttür, zu lesen von oben nach unten.

15

Verwirrt ging Urgroßvater von der Prinzessinstraße, dort stand Kants Haus, heim in die Bulatengasse. Vielleicht hat er im Gehen über den Zufall gegrübelt, der es fertiggebracht hatte, dass Kants Haus, das vor vielen Jahren dem Feldmarschall Graf Barfuß gehört hatte, nach dessen Tod an einen hugenottischen Glaubensbruder ging, und über ein paar weitere Hände schließlich zur Wohnstube der Aufklärung geworden ist.

Eine merkwürdige Lage: Kants Studierzimmer lag nach Osten mit freier Aussicht auf die Nachbarsgärten. Ich wäre, sagte Kant oft zu Urgroßvater, mit meiner bescheidenen Studierstube noch mehr zufrieden, wenn ich im Sommer öfter die Fenster öffnen könnte. Aber das macht der unaufhörliche Gesang der Gefangenen in der nahegelegenen Schloßvogtei unmöglich. Wissen Sie, Lenné, bei geschlossenen Fenstern bricht bei mir schnell die geistige Langeweile aus.

Mein gedankenverlorener Urgroßvater hatte natürlich nicht gemerkt, dass Herr Lampe schon eine Zeitlang neben ihm herlief. So oft hatte Lampe Kants Perücke in die Werkstatt gebracht, damit Urgroßvater hier noch eine Strähne raffte und dort den Schwung nicht ganz so gefällig machte, dass, als die Perücke endlich fertig war, zwischen den beiden ein respektables Verhältnis entstanden war. Wenn Kant mit dem Konsul Green seinen täglichen Spaziergang absolvierte, holte Lampe Urgroßvater aus der Werkstatt, und die beiden machten ihrerseits einen Spaziergang, wobei sie es vermieden, Kant und Konsul Green zu begegnen. Lampe war ohnehin kein eifriger Spaziergänger, steuerte lieber zur nächstgelegenen Schenke und tauschte Gedanken und Trinksprüche aus.

Ob er wohl bei Urgroßvater noch einen Happen zu essen bekommen könne? Also, obwohl es so spät sei?, fragte er, erst jetzt bemerkte Großvater ihn.

Warum Lampe das Angebot ausgeschlagen habe, den afrikanischen Gerichten der Jungfer Fritz zuzusprechen?

Wer kriegt denn dieses Zeug runter, und wenn man obendrein bei der Zubereitung hat helfen müssen, dann weiß man genau, welche Scheußlichkeiten sich unter der schwarzen Tunke verstecken.

Aber die Herren hätten doch deutlich die polnische Brühwurst herausgeschmeckt.

Na ja, dafür muss man wohl seinen Gaumen besser dressiert haben, als ich es in meinem Dienerleben tun konnte.

Schauen wir, ob Klara noch etwas im Ofen hat ...

Das hatte sie. Wie Klara es fertigbrachte, wusste Urgroßvater nicht, aber immer stand da etwas in der Backröhre warm.

Meine kleine Urgroßmutter sah die beiden scharf an, es war ja schon reichlich spät. Herr Lampe war ein aufrechter Mann, aber eben auch ein starker Trinker, dass er ihr bloß den Étienne nicht verführte.

Sie nahm einen Topf mit Schwarzsauer vom Gänseklein aus dem Rohr, einen Teller mit Piroggen, stellte zwei Suppenschüsseln auf den Küchentisch, legte Löffel dazu.

Herr Lampe, im Stehen nahm er immer Servierhaltung an, die bei ihm merkwürdig rechthaberisch aussah, setzte sich und langte zu, als habe er seit Tagen nichts zu essen gehabt.

Eine Weile nur behagliche Essensgeräusche.

Nachdem er die erste Schüssel Schwarzsauer geleert hatte, lehnte Lampe sich zufrieden zurück, und sagte:

Aber das muss ich schon auch zugeben, wo mein Herr recht hat, hat er recht.

Und speziell worin hätte er so besonders recht?, fragte Urgroßvater verwundert, weil Lampe, wenn sie spazieren gingen oder in der Schenke saßen, sehr selten fand, sein Herr habe recht.

Na, mit der schwarzen Farbe, von der den ganzen Abend geredet wurde. Ein Schmuck ist sie ja nicht gerade, aber sie schützt doch vor der Sonne. Und wenn du tausend Jahre in der afrikanischen Bratröhre schmorst, dann bist du am Ende mohrenschwarz, und deine Kinder und Enkel und Urenkel und alle, die noch kommen werden, sind es auch. Man muss sich schließlich schützen. Da hat er eben recht.

Vielleicht hatte das nächtliche Schwarzsauer vom Gänseklein Herrn Lampe versöhnlich gestimmt, sonst bekrittelte und verspottete er seinen Herrn bei jeder Gelegenheit, und nicht nur hinter seinem Rücken.

Aber der Hut, wandte Urgroßvater ein.

Der Hut? Welcher Hut?

Nun irgendein Hut tut es doch als Schutz vor der Sonne genauso, von mir aus ein Strohhut, einer aus Blättern, aus Filz, aus Fell, gleichgültig. Wer wartet denn so lang, bis ihm die Haut schwarz verbrannt ist. Man erfindet einen Hut, man erfindet ein Dach über dem Kopf, man erfindet eine Kalebasse und füllt einen Vorrat an Trinkwasser ab, man bespricht sich mit dem Nachbarn, dass man erst nach Einbruch der Dunkelheit der Antilope hinterherrennen will. Man behilft sich, immer behilft der Mensch sich, einander behilflich, das sind wir. Und das unterscheidet uns vom Gürteltier.

Höre ich da jemand Hüte loben, obwohl so ein Hut die Gedanken noch schlimmer bedrückt als eine Perücke?, fragte Lampe.

Klara kratzte den Rest vom Schwarzsauer zusammen und gab es in Lampes Suppenschüssel.

Da werdet ihr beiden hübsch ins Glas geschaut haben, dass euch solch hundsgewöhnliche Beobachtungen eures Herrn Philosophen als Weisheit vorkommen, sagte sie. Mag sein, dass es nicht der Herrgott war, der die schwarze Hautfarbe verteilt hat, bevor er die armen Kerle unter eine so grässliche Sonne geschickt hat. Mag sein, dass man Philosoph sein muss, um so was Schwarzes herauszutüfteln, und von mir aus solls ein Fortschritt sein, und ich wills auch so nennen. Aber was sagt eine schwarze Haut anderes, als dass es dort, wo deine Väter und Mütter gelebt haben, und deren Väter und Mütter und so ewig weiter zurück, dass dort einmal tüchtig die Sonne schien? Was sagt das über das, was innen in einem schwarzen Menschen ist? Erkennt man an seiner Haut, ob er gut ist oder schlecht, faul oder fleißig, dumm oder gescheit?

Lampe löffelte sein Schwarzsauer.

Deswegen, sagte Urgroßvater, ist von Geburt her eben keiner besser und keiner schlechter als ein anderer.

Du mit deinen ewigen Deswegen, Étienne! Verstehst du eigentlich selbst, was du ständig daherdeswegst?, sagte Urgroßmutter. Ich brauche kein Deswegen, damit ich weiß: Da wo es heiß ist, haben sich die Vorfahren die Haut verbrannt, und jetzt sind die Enkel schwarz oder dunkelbraun oder hellbraun oder wasweißich, auch wenn sie es schon lang begriffen haben und sich gegen die Sonne schützen wie jedermann. Schwarz oder Weiß, das beweist nur, dass einer aus der Hitze kommt oder aus der Kälte, von mir aus noch, dass er Datteln isst und keine Steckrüben. Und das ist dann ja doch mal was gründlich Interessantes, nicht wahr, Herr Lampe?

Nun ja, ich sage es doch, Lampe nahm die letzte Pirogge und versuchte, das Gespräch wegzubringen von der Physischen Geographie, in der er als Kants Diener ja besonders beschlagen sein sollte, mein Herr versteht rein gar nichts von der Welt. Er schaut sie nicht einmal mit dem Arsch an, wenn Sie, Frau Klara, meine Deutlichkeit bitte entschuldigen möchten. Der weiß ja nicht einmal, dass ich verheiratet bin.

Wie?, fragte Klara, die sich in ihrer schlechten Meinung über den Aufklärer sofort bestätigt fühlte.

Na, fragt er mich doch immer pünktlich vor dem Schlafengehen, ob ich es auch warm genug habe in der Kammer, und ob die

Matratze nicht allzu durchgelegen ist und wir eine neue besorgen müssen. Dabei schlafe ich seit Jahren nicht mehr in der Kammer neben der Küche meines Herrn, sondern gehe jeden Abend nach Haus zu Anna Charlotte, meine beiläufig zweite Frau, und komme zurück um halb fünf am nächsten Morgen. Nicht einmal das hat er begriffen, mein kluger Herr.

Wenn ich huste, sagt er, die Köchin soll geschwind eine Hühnerbrühe für mich bereiten, obwohl er nie eine Köchin eingestellt hat, meine Anna Charlotte wurstelt manchmal in seiner Küche samt meiner Tochter, glaubt ihr, er wüsste das? Die Hühnerbrühe macht mir schon meine Frau, und zwar in unserem kleinen Haus.

Alles muss man ihm hinterhertragen, an alles muss man ihn erinnern, immerhin wenn ich einmal so stark huste, dass ich nicht arbeiten kann, meinen Lohn zahlt er trotzdem weiter, doch, das macht er, nein, anständig ist er.

Und das Beste ist seine Regelmäßigkeit, enorm regelmäßig und vorhersehbar, das ist er tatsächlich. Berechenbar wie der Glockenschlag der Altroßgärter Kirche. Für einen Diener ist Regelmäßigkeit eine ausgezeichnete Herreneigenschaft. Ich habe strikte Ordre, ihn um fünf aus dem Bett zu werfen, auch wenn er noch so sehr jammert, dass er nicht rauswill, ich darf kein Mitleid zeigen. Tagesablauf wie ein Zifferblatt. Sogar beim Zubettgehen lässt er nicht nach. Vor kurzem hat sein Freund bei einem Herrenabend zum Besten gegeben, wie er sich zum Schlafen vorbereitet:

Durch die vieljährige Gewohnheit habe Kant eine besondere Fertigkeit erlangt, sich in die Decken einzuhüllen. Beim Schlafengehen setze er sich erst ins Bett, schwinge sich mit Leichtigkeit hinein, ziehe den einen Zipfel der Decke über die eine Schulter unter dem Rücken durch bis zur andern und, mit einer ganz besonderen Geschicklichkeit, auch den andern unter sich, und dann weiter bis auf den Leib.

So emballiert und gleichsam wie ein Kokon eingesponnen, erwarte er den Schlaf.

Ärgerlich auf sich selbst dachte Klara, dass der Herr Philosoph das tatsächlich ganz geschickt anstellte.

16

Es wäre vermutlich hilfreich, jetzt einen Kanzlisten aus dem Verhörzimmer heraustreten zu lassen, damit Urgroßvater mit dem Grübeln aufhört. Aber die sortierten da drinnen noch immer die Fragen, die sie Urgroßvater stellen wollten.

Während Urgroßvater von Kants missglückten Afrikaabend nach Hause geht, denkt er daran, dass Johanne ihm, während sie seinen Leute-Suppenteller abwusch, gesagt hatte, das Leben zwischen Schloss und Kuhstall, zwischen Oben und Unten, sei so ... ach ja. All die Leuchter, die hier verkehrten, sogar der Professor Bernoulli, atemberaubend. Aber selber mal ein bisschen Stadtluft abbekommen, Paris, Berlin, Moskau oder wenigstens Königsberg, wie weit kommt eine wie sie denn schon mit dem ewigen Bescheidensein.

Bei seiner nächsten Capustigall-Visite fragte Urgroßvater die Gräfin Caroline, mit ihr konnte man reden wie mit einem Friseur, ob Johanne eventuell seinen Kindern Französischunterricht erteilen dürfe, also in der Stadt, bei ihnen in der Bulatengasse, wegen dieses besonderen Akzents, sagen wir ... zweimal im Monat? Er selbst sei ja Hugenotte, das reiche für die Gesinnung, aber nicht für den Akzent.

Jede Woche, mein Lieber, unbedingt, hatte die Gräfin gesagt, jede Woche, oder so oft Sie und die liebe Johanne es eben mögen. Mit dem Doktor Kant habe ich auch schon über die Leibwäsche gesprochen.

Über die Leibwäsche? Urgroßvater wird sofort rot geworden sein. Immer wenn er mit Caroline sprach, kam er aus dem Rotwerden nicht heraus.

Ach Gott, nichts Wichtiges, wann wäre Leibwäsche, zumal schmutzige, schon wichtig. Wir hatten nur besprochen, dass es dem Mädchen gut tut, auch die Welt außerhalb unseres Guts kennenzulernen, den Leibwäschehorizont zu erweitern, Konsul Green habe da wohl einen Bedarf oder ein Bedürfnis. In der Stadt Französisch unterrichten, könnte ein erster Schritt dahin sein. Der Platz an der Abendtafel hier ist ja nicht der Platz des Mädchens in der Welt. Also, von mir aus gerne, mein lieber Lenné, sehr, sehr gerne. Nur, aus erzieherischen Gründen, bitte keine Entlohnung. Manches gehört sich einfach, das muss sie lernen.

Seither, das ergibt sich aus Klaras Haushaltsbüchern, in die sie alles Wichtige eintrug, war Johanne Mittwochnachmittags und oft auch den Samstag über bei Urgroßvater und Klara.

Man freute sich an ihrem singenden Französisch mit den vielen Ausdrücken, die die Académie nicht gebilligt hätte, nicht einmal gekannt hat man sie dort; wenn Johanne im Haus war, durfte nur ihr Auvergnat gesprochen werden.

Über die Französische Revolution wusste sie Einzelheiten, das Meiste wird sie an der Keyserlingkschen Abendtafel aufgeschnappt haben, Urgroßvater bekam nie genug davon. Klara sagte, ihr Étienne liebe die Französische Revolution deutlich mehr als sie. Johanne behauptete, der Minister Woellner habe Sympathien, auf der anderen Rheinseite drüben werden jetzt ja die Bauern befreit, damit sympathisiere er, erstaunlich, nicht wahr?

Manchmal glaube ich, im Strudel von Erinnern und Erzählen verwirbeln auch die Zeiten, drehen sich rückwärts und seitwärts, und so treiben dann die abgeschnittenen Köpfe der Französischen Revolution, ohne nachzudenken, zusammen mit den nassen Perücken von Kant und Woellner ans selbe Ufer.

Wie stark Urgroßmutter Klara sich an diesen Gesprächen beteiligte, wird nicht berichtet. Natürlich war ihr Französisch darauf nicht eingerichtet. Das sind alles so *causerien*, soll sie gesagt haben, für die geht mir die rechte Begabung ab, aber gut. Dabei wird sie noch mehr so ausgesehen haben wie ein schief eingehauener blauer Nagel.

Die Kinder lieben Johanne. Sie behaupten, sie riecht wie Weizenbrot. Klara bäckt es am Sonntag, wenn Étienne sich unter der Woche überwunden und um Bezahlung der Perücken gebeten hat. Schnell reden die Kinder so, wie die Drosseln der Auvergne singen. Sogar die Cedille in der *façon* kommt ganz selbstverständlich heraus.

Nach dem Afrikanischen Abend, aus unterschiedlichen Gründen sahen ihn alle, die dabei gewesen waren, als missglückt an, war Urgroßvater seinem Freund Kant aus dem Weg gegangen. Vielleicht nicht mit Absicht, es hatte sich so ergeben, und er war froh darum. Auch die fällige Perückenvisite beim Grafen Keyserlingk schob er immer wieder hinaus.

Eines Tages war Kant dann in Urgroßvaters Werkstatt erschienen, als sei nichts. Er, also ganz aufrichtig, er halte es einfach nicht mehr aus. Eine Zweitperücke müsse her, auf der Stelle. Ja, in letzter Zeit packe ihn diese rätselhafte Gier nach fremdem Haar, er habe es aufgegeben, dagegen anzukämpfen.

Urgroßvater hatte höflich genickt.

Wie schon die Alltagsperücke, die Urgroßvater ihm genäht hatte, sollte auch die neue aus behutsam entfetteter Schafwolle sein, selbstverständlich immer noch sehr demokratisch, das Gewicht jetzt aber eher aufs Republikanische hin geschoben, dazu mehr Nouvelle Héloise und weniger vom gepfefferten Diderot, mit einer Andeutung nachgiebiger Locken über den Ohren jedenfalls, die in einen straff abstehenden Zopf übergehen sollten, gelb mit ein paar Silberfäden. Sturm und Drang gemischt mit Weisheit, so in etwa. Ob Étienne ihn begreife.

Selbstverständlich. Urgroßvater zuckte mit den Schultern, die linke hing ja tiefer. Als erfahrener Perückenmacher wusste Urgroßvater, wie sehr es das Seelenleben durch die Schädeldecke hindurch treiben kann, hinein in das abgeschnittene Haar der Pestkranken und Gehängten. Die Perücke bedeckt nicht nur. Vieles deckt sie erst auf.

Taktvoll wie immer fragte er deshalb nicht danach, was wirklich hinter Kants plötzlichem Bedürfnis nach einer Zweitperücke steckte. Klara hatte ihm erst unlängst wieder eine Predigt gehalten, er solle schauen, dass Geld hereinkomme, sie müsse schon wieder überall anschreiben lassen.

Aber Kant war ergriffen von Wahrheitsliebe und dem Zwang, sich selbst zu erforschen. Es brach geradezu aus ihm heraus.

Seit die Fritzin an jenem unseligen Abend die Sache mit Johanne, also, seit sie ihm das enthüllt habe, dass die, nun, Étienne wisse doch, Magd, Knielampe und alles das, Urgroßvater verkehre selbst auf Capustigall, seither sei er, unbegreiflich für ihn selbst, aber das Sinnliche unserer menschlichen Natur lasse sich nun mal nicht unterdrücken, höchstens zähmen, mithin und kurz und gut, sehe er dieses Mädchen seither mit anderen Augen, sehe sie recht eigentlich zum ersten Mal, denn gesehen habe er sie natürlich schon oft, aber eben ohne, aber nun sei sie ihm eine, nun, er schaffe es einfach nicht, die mein Gott geradezu tierhaften Gedanken, die ihn dort, noch an der Abendtafel, bedrängten, zur Seite zu tun, auf den Magen schlage es ihm, furchtbar.

Bestimmt verstehe Urgroßvater, wovon er rede.

Er wird wieder rot geworden sein, mein armer Urgroßvater, und nichts herausgebracht haben. Geschämt wird er sich haben, für den Freund, und noch mehr für sich selbst. Seine Erregung wird derart gewesen sein, dass er mit dem Brenneisen beinah die Allonge des Grafen Dohna-Schlobitten versengt hätte. Seine Fingerbeeren glühten, mein Gott, jetzt reichte dafür schon ein Satzstummel von Kant.

Er murmelte etwas Unverständliches, Kant missverstand es als eine Frage danach, welchen Platz der Aufklärung inzwischen an der Keyserlingkschen Abendtafel zugewiesen worden war.

Meine Physische Geographie? Ach Gott, Kant wedelte mit der Hand, wie ich da ackere. Für eine wirkliche geistige Befruchtung muss der Pflugsterz tiefer ins Erdreich hineingedrückt werden. Das Interesse am Fremden sei ja da, geradezu hungrig sei die Keyserlingksche Abendtafel auf das Ungezähmte, auf die *Hic-sunt-leones*-Erdteile. Aber herausfinden, wie die Wildheit des Charakters zusammenhängt mit der Grobheit des Bodens, der hitzigen Luft, mit dem Sonnenstand, der Flora und Fauna, das sei den meisten dann doch zu mühsam.

Vielleicht konzentriere er sich bei seinen Darlegungen aber auch bloß nicht richtig, wenn diese Magd Johanne ihm gegenübersitze. Zwei Gedanken, zwei Empfindungen zur selben Zeit mit allen Sinnen verfolgen, wer schaffe das schon.

Und sonst nichts Neues, fragte Urgroßvater. Er hatte gemerkt, dass sie inzwischen tatsächlich über Kants Bedürfnis nach einer Zweitperücke redeten.

Neu? Nun, der Student Gimmler, der sei neu. Er nehme ihn jetzt häufiger mit hinaus nach Capustigall. Ein interessantes Experiment.

Natürlich.

Für Kant müssen seine Studenten wirklich wichtig gewesen sein. Seine Ansichten hat er ja ununterbrochen überprüft, kritisiert und dann weiterentwickelt, dabei spielten die Studenten eine Rolle.

Nachdem wir uns von ein paar der ältesten Erstausgaben zu den jüngeren durchgearbeitet hatten, begriffen Tante Eva und ich, welche Methode der Kritik und Gegenkritik Kant da entwickelt hatte.

Den Studenten stellte er nämlich die Aufgabe, seine Vorlesungen mitzuschreiben, zu Hause übertrugen sie die Mitschrift in Reinschrift. War der junge Verstand durch häufiges Mitschreiben angeschliffen, durften solche Reinschriften weitergegeben werden. Ausdrücklich ermuntert wurden die Studenten sogar zum Weitergeben, das hielt die Aufklärung im Gespräch. Hatte man Kants Vorlesung versäumt, riss man sich um die Reinschrift, kopierte und kommentierte, gab die Kopie weiter, das schwoll an zu einem aufklärerischen Kopienstrom. Manchmal wuchsen sich dabei allerdings auch Missverständnisse und schiefe Ausdrücke der Studenten von Kopie zu Kopie aus.

Auf diese Weise prüfte Kant nach, wie stark die Aufklärung überhaupt in Anspruch genommen wurde. Es reichte, zusammenzuzählen, wie viele Kopien in der Stadt zirkulierten. Motherby muss ihm dazu geraten haben. Der war wohl überhaupt ein Sozialforscher.

Darüber hinaus erfuhr Kant, mit welchen Argumenten er bezweifelt und mit welchen er unterstützt wurde, letztere waren die gefährlicheren. So musste Aufklärung sich praktisch bewähren, das kräftigte sie.

Ein Nebenvorzug der Motherby-Methode bestand darin:

Falls der metaphysische Spitzkohlhändler Woellner in dem einen oder anderen Satz etwas roch, das er vor die Commission zerren konnte, dann solle Kant nur darauf hinweisen, seine eigenen Worte seien das ja nun wirklich nicht. Für das, was ein junger Hitzkopf in der Vorlesung mitschreibe, ohne zu begreifen, was er da schreibe, für Verständnis- und Kopierfehler könne er die Haftung nicht übernehmen. Im Übrigen sei genau das ein Fall für Radiergummi.

Ihren Endglanz bekamen die Mitschriften in den Schwefelbädern der städtischen Salons. Danach konnten sie, immer noch als Mitschrift gekennzeichnet, in die erste Auflage der Gesammelten Werke aufgenommen werden.

Die nächste Stufe erreichten sie, wenn sie, noch einmal gefeilt, geschliffen, und geflämmt, in die zweite Auflage aufgenommen wurden. Und der Altar der Aufklärung war erreicht, wenn die Mitschrift zum eigenen Werk Kants befördert wurde, was so ab der vierten oder fünften Auflage ernsthaft erwogen wurde.

Auf diese Weise blieb Kant im ständigen Gespräch mit seinen Lesern, Freunden und Feinden. Das gedruckte Wort, das eigentlich einen dahinfließenden Gedanken in endgültige Form gerinnen lassen soll, wurde wieder flüssig, war ins Wasser geschrieben.

Schon einige Zeit vor dem Afrikanischen Abend muss Kant ein Student aufgefallen sein, der bald zu denjenigen aufrückte, die die Vorlesungen mitschreiben durften. Zum Afrikanischen Abend war er nicht eingeladen gewesen, das wäre unüblich gewesen.

Der Betreffende sei ein gewisser Gimmler, Louis Gimmler, ja, der älteste Sohn des Täschners Gimmler aus der Hundsrieser Gasse, von dem damals die Sitzkissen für, Sie erinnern sich, lieber Lenné, nun ja, der eben. Ihm sei vorgezeichnet, in einigen Jahren die väterliche Täschnerei zu übernehmen. Bevor er sich ganz auf Hosenträger und Damenhandtaschen warf, wollte dieser Louis das scharfe Argumentieren erlernen. Auch wenn die Taschennähte davon nicht gleich akkurater verlaufen, ist es doch gut fürs Geschäft.

Der junge Mann versäume keine Vorlesung und tue sich dort durch scharfsichtige Analysen des Adelslebens hervor. Er, Kant, lasse ihn gewähren, warum auch nicht, achte dabei allerdings sorgfältig auf die Reaktionen des Publikums, winke schon einmal ab, wenn Gimmler gleich hier auf dem Schlossberg eine Franzosenrevolution anzetteln wolle.

Gimmler habe anlässlich der Ablieferung einer seiner sehr akkuraten Reinschriften gebeten, Kant möge ihm Entrée machen in jene Welt, die der Meister aufzuklären beabsichtige. Damit meinte der ehrgeizige Jüngling, er wolle mit nach Capustigall. Sollte man sich dort der Aufklärung, trotz der Bemühungen des Meisters, auf Dauer verweigern, dann müsse Capustigall eben abgeschafft werden. Aber dazu müsse er das Ganze zuerst einmal von Grund auf kennenlernen.

Kant hatte eine Schwäche für Hitzköpfe, wahrscheinlich weil er selbst ein kühler Abwäger war; er bedachte die Sache, fragte mehrmals Urgroßvater um seine Meinung, merkte nicht einmal, dass Urgroßvater seine Meinung dazu nicht hergab.

Schließlich durfte Gimmler seinen Meister Kant zum Unterricht von Carl und Otto begleiten.

17

B ei gutem Wetter fand der Unterricht im Garten statt, Gräfin Caroline hatte die bukolische Landschaft selbst entworfen. Dabei war es ihr darauf angekommen, völlige Natürlichkeit mit gesteigerter Empfindsamkeit zusammenzubringen, das war ihr gelungen. Die Aufsätze Horace Walpoles waren ihr dabei eine Inspiration gewesen. Einige Barockelemente hatte sie kontrasthalber beibehalten, eine Orangerie etwa und ein Gewächshaus für Bananenstauden.

Hier brachte Gimmler den beiden Söhnen Krocket bei, er betonte es auf der ersten Silbe. Anders als das Polospiel, das ein einfacher Bürger sich gar nicht leisten könne, sei das mal ein durch und durch demokratischer Zeitvertreib. Die Brüder bewunderten Gimmler, er war ein paar Jahre älter und führte den *mallet* doch schon derart elegant, trat überhaupt in allem sehr entschieden auf.

Was sein Freund Kant an diesem jungen Mann fand, verstand Urgroßvater nicht. Immerhin, das rechnete er Gimmler an, trug der keine Perücke, auch dann nicht, wenn er die Grafensöhne im Krocket unterrichtete. Deswegen nahm er Gimmler, jedes Mal, wenn er selbst von Capustigall zurück in die Stadt fuhr, in der Kutsche mit.

Man muss die Jugend vom Gängelband lassen, sagte Kant, noch dazu, wenn sie so ungewöhnliche Ideen hat wie mein Schüler Gimmler. Er hat sich ausgedacht, es gebe ein Recht auf Dominanz, nicht unbedingt für jedermann, aber für denjenigen, der es sich nimmt. Noch bin ich nicht sicher, welchen Platz ich diesem Recht in meiner Morallehre anweise, ein Recht, das sich nicht jedermann nehmen kann, darüber muss sehr genau nachgedacht werden. Trotzdem hat Gimmler den Finger auf einen wichtigen Punkt gelegt, das muss anerkannt werden.

Denn im Gimmlerschen Dominanzrecht werde ja zweierlei zusammengedacht: Einerseits, dass eben nicht nur dem Adel allein das

Recht zum Herrschen in die Wiege gelegt sei, dieses Recht gehöre jedermann, der gescheit und mutig genug sei, es in die Hand zu nehmen. Andrerseits drücke sich im Dominanzrecht aber auch aus, dass vernunftgeleitetes Herrschen eine Pflicht sei. Der Fortschritt der Zivilisation messe sich gerade daran, wie unbefragt sich die Bürger vernünftigen Gesetzen unterwürfen. In dieser Unterwerfung bestehe das Wesen der Freiheit.

Gimmlers Wortfindung sei ein bisschen schief, darum werde er sich kümmern. Es gebe nämlich zwischen dem, nun, nennen wir es, solange ich keinen besseren Begriff gefunden habe, weiterhin: Recht auf Dominanz, zwischen diesem Recht und der Physischen Geographie gebe es einen engen Zusammenhang.

Die Sache, Urgroßvater ahnte es, würde ihm jetzt, trotz seiner Abneigung gegen den jungen Gimmler, gründlich erklärt werden.

Disziplin und Züchtung, Zivilisation und natürliche Anlage, beide zusammen ändern unsere Tierheit in Menschheit um. Die Menschengattung besitzt ja eine Naturanlage zur Menschheit, diese Anlage muss jeder nach und nach von selbst auswickeln. So wie unsere Caroline ihren Garten angelegt hat, dass die Farne, der Teich, der Jacarandabaum, dass alle ihre eigene Natur nach und nach von selbst herausbringen. Disziplin verhütet, dass der Mensch durch seine tierischen Triebe von seiner eigentlichen Bestimmung, nämlich Mensch zu werden, abweicht. Wildheit dagegen ist die Unabhängigkeit von Gesetzen.

Der Wilde Afrikas ist von Gesetzen unabhängig und wird das immer bleiben. Wenn diese armen, halb ausgewickelten Menschenwesen einmal gezwungen werden, längere Zeit hindurch diszipliniert Dienst zu tun, so mag das recht und schlecht gehen, gewöhnen werden sie sich allerdings nie an eine auf Freiwilligkeit beruhende gesetzmäßige Lebensart. Bei den Wilden ist die Regellosigkeit nichts weiter als Unfähigkeit zur höheren Entwicklung, sie ist unverfälschte Rohigkeit und kein edler Drang zur Freiheit, wie Rousseau und andere Schwärmer es sich einbilden.

Und was das mit Johanne zu tun haben soll, wird Urgroßvater sich gefragt haben, vielleicht hat er diese Frage sogar vor sich hin gemurmelt, weil es ihm vorkommt, als antworte Kant jetzt darauf.

Bei Gott, dieses Launische, dieses Ungezügelte, dieses, es will ausgesprochen sein, dieses ganze Animalische der jungen Frau, das in ihrem Blut und in ihren Säften liegt, es stachelt mich auf, sagt Kant, ich bin machtlos. Deshalb die Zweitperücke, verstehen Sie, mein guter Lenné?

Statt zu antworten, traktierte Urgroßvater die Allonge des Grafen Dohna-Schlobitten mit der Brennschere, inzwischen sah die am Hinterkopf aus wie ein Berberitzenbusch.

Kann es denn sein, dass Wildheit und Wilde nur deshalb existieren, um uns aufzustacheln?, sagte Kant. Nun, ich will ein Beispiel geben.

Gesetzt den Fall, die glücklichen Einwohner von Otaheite, eine der Inseln über dem Wind, wären niemals von gesitteten Nationen besucht worden. Dann bliebe es ein Rätsel, zu welchem Zweck diese Wilden überhaupt in die Welt gekommen sind, und mithin, ob es nicht eben so gut gewesen wäre, diese Insel mit glücklichen Schafen und Rindern zu bevölkern, statt mit Menschen, die schon vom bloßen Genießen glücklich und zufrieden sind und sonst nichts weiter begehren, es fehlt ihnen ja auch nichts. In diesem zwecklosen Zustand, in dem die Wilden leben, werden nämlich alle Naturanlagen unserer Gattung zurückgehalten, verkümmern geradezu.

Otaheite?

Otaheite, mit Verlaub natürlich Otaheite, obwohl ich genauso gut Feuerland oder Neuholland hätte heranziehen können, überall dieselbe Frage: Wie kann die Menschheit aus der Wildheit ausgewickelt werden? Ist das überhaupt möglich? Oder kann die Wildheit, sogar die nur vermutete Wildheit, nichts anderes anrichten, als einen kühlen Mann wie mich in Gefühlsraserei versetzen, was meinen Sie, mein lieber Lenné?

Nun, zwei Wochen werde ich für die Zweitperücke schon brauchen, kein leichter Auftrag, da bedanke ich mich, sagte Urgroßvater.

Bei Klara soll er sich beschwert haben, dass die Wege, die die Gedanken seines Freundes Kant einschlugen, so gewunden waren. Im ersten Satz würde jede beliebige Wahrheit bewiesen, und im zweiten Satz schon ihr Gegenteil. Aber ehrlich sei Kant, vor allem mit sich selbst, und wenn Urgroßvater auch die Sätze Kants selten ganz verstand, die Ehrlichkeit spürte er heraus.

Jetzt allerdings, gleich beim Verhör, brauchte es vor allem Mut zum Maulhalten. Man würde ihn nach Louis Gimmler fragen, und was er zu Gimmlers Ansichten zu sagen hätte. Ein unangenehmer Zeitgenosse, weiß Gott, aber Krocket und keine Perücke auf dem Hirn, so einen schwärzt man nicht an.

Beide, den jungen Gimmler und die Magd Johanne, am Unterricht der Grafensöhne zu beteiligen, sagte Kant, bereite ihm einen ungekannten, ja, wie soll er sein Gefühl dabei bloß aufrichtig genug beschreiben, einen Schauer geradezu. Das begreifen Sie, mein lieber Lenné, oder?

Bevor Urgroßvater sich eingestehen konnte, dass er es durchaus begriff, fuhr Kant schon fort, er erlaube Gimmler im Unterricht der Grafensöhne über das Recht auf Dominanz zu dozieren, solange Gimmler wolle. Es sei ihm aufgefallen, dass sich dabei die Blicke auf Johanne richteten.

Die Physische Geographie behalte er sich selbst vor. Die durch die Fakten der Physischen Geographie aufgereizte Sinnlichkeit, gerade die der jungen Menschen, müsse gezähmt, behutsam müsse ihr die Richtung gegeben werden, alles andere sei gefährlich. Bei Johanne seien straffe Zügel anzulegen, ich erinnere nur an die Leibwäsche, um sie dahin zu bekommen, wohin sie im Grunde selbst wolle.

Sich selbst und seinem Freund Lenné wolle er aber auch eingestehen, dass er den jungen Gimmler wohl nur mitnehme, um sich vor sich selbst zu schützen.

18

Anfangs wird man nicht viel davon gemerkt haben, trotzdem hatte Kants Afrikanischer Abend Folgen. Sie betrafen nicht nur diejenigen, die sich dabei vollgestopft hatten, und sie entwickelten sich über Wochen und Monate hinweg. Seltsamerweise war der Magen-Darm-Trakt davon am wenigsten betroffen. Und niemand hätte sich vorgestellt, dass das Ganze in einer Matrosenkneipe enden würde.

Étiennes Fingerbeeren brannten jeden Tag mehr, bald würde er keine Perücken mehr anfassen können. Nur unbedeckte Haut und, seltsamerweise, heiße Suppe erleichterten ihn noch.

Jungfer Fritz, deren Wutausbruch so Vieles ans Licht gebracht hatte, was am Beginn des Abends noch unter Fleisch und Kautschuk versteckt gewesen war, Jungfer Fritz trennte sich von ihrem zukünftigen Verlobten Kant und heiratete keine zwei Wochen darauf den Obereinnehmer Ballath, gut situiert, aber ein Langweiler. Später würde sie sich sagen, dass sie dabei nicht eingerechnet hatte, dass Kant am Ende doch den Lehrstuhl für Metaphysik bekam. Sie soll ihre Entscheidung bereut haben. Außerdem zerbrach mit dieser Heirat die Freundschaft zu Luise, der Schwester des Obereinnehmers.

Ob die Folgen des Afrikanischen Abends tatsächlich bis nach Capustigall hinaus reichten, ist schwer zu sagen. Zunächst sah es eigentlich nicht danach aus.

Kant, der jedes Mal, wenn er hinausfuhr, sorgfältig seine neue Zweitperücke anlegte und den Studenten Gimmler mitnahm, stellte Fortschritte bei Carl und Otto fest.

Seit Kurzem wurde Mister Motherby nach Capustigall hinaus eingeladen, auch das hatte der Afrikanische Abend bewirkt. Caroline war begeistert von dieser Kindermaske aus Speckstein, in deren

Schweigen sie so viel entdeckte. Gelegentlich wurde ihr ein grüner Zettel zugeschoben, sie studierte ihn lange, gab ihn dann zu den anderen in den Brokatbeutel.

Dass man sagte, Caroline nehme sich immer mal wieder einen besonders widerständigen Tafelgast zum Liebhaber, manchmal für eine Nacht, manchmal für längere Zeit, störte sie nicht, im Gegenteil. Auf Geschwätz gab sie ebenso wenig wie auf Konventionen. Mit Motherby tauschte sie sich darüber aus, wie wichtig Geschwätz als sozialer Leim sei. Gerade jetzt wurde behauptet, der Mister stehe bei ihr in spezieller Gunst.

Mit langen klaren Tagen hatte sich der Sommer auf Capustigall eingerichtet, man saß in Carolines Gartenlandschaft, eine Gesellschaft wie auf Glas gezeichnet. Es war ein Vergnügen, den Samen der Aufklärung in junge Hirne zu pflanzen.

Zunächst nahmen die sommerlichen Unterrichtsstunden ihren Fortgang, wie der Student Gimmler sich ausdrückte. Nichts störte ihren Ablauf, der streng geregelt war:

Zuerst bekamen Carl und Otto von Kant eine Aufgabe gestellt, das konnte ein geometrisches, ein moralisches, ein physikalisches oder, besonders gern, ein geographisches Problem sein. Eine Viertelstunde lang sollten sie, ohne zu schwätzen, daran arbeiten, Kant vertiefte sich derweil in die Hügel und Senken von Carolines Landschaft, grübelte, warum das alles so gar nicht von Menschen gemacht, so völlig aus sich selbst heraus entstanden aussah. Also eigentlich die Umkehr der physischen Geographie, wo die Natur den Menschen formt.

Danach mussten Carl und Otto ihre Lösungen vorstellen, mitsamt dem Weg, auf dem sie dorthin gekommen waren; Gimmler wurde aufgefordert, seine Meinung zu sagen, schließlich sollte Johanne hinzufügen, was aus Frauensicht noch hinzuzufügen blieb.

Bevor Kant die Lösung erklärte, wurde Johanne um Getränke für alle geschickt, Saft von Holunderblüten, Quellwasser mit Erdbeersirup oder, etwas später im Sommer, Brombeersirup, Carolines Garten gabs gerne her.

Nach seinem Vortrag, Gimmler schrieb selbstverständlich mit, stellte Kant eine Frage, die das Thema vertiefte, vor allem wollte er nachprüfen, ob zugehört und verstanden worden war.

Die beiden Söhne hatten meistens schlecht aufgepasst, Johanne hatte immer einen Widerspruch entdeckt, eine Lücke zwischen der Lehre der Aufklärung und dem Leben der Aufklärer. Das wurde ausgiebig beantwortet, die Diskussion gewann Hitze, die Söhne wollten endlich Krocket spielen, es wurde reichlich Sirup getrunken.

Gimmler unterstützte Johannes Einwände, verstand es aber, im Gegensatz zu Johanne, Kant damit nicht zu reizen. Das gelang, wenn man erklärte, dass überhaupt nur Kants unerschrockener Gedanke einen ermutigt habe, diesen einen einzigen kleinen Schritt weiter zu gehen, vielleicht sei es ja ein Schrittchen seitwärts oder rückwärts, auf eigene Gefahr und ohne Gängelwagen. In die Mitschrift wurden diese Diskussionen nicht aufgenommen.

Weil für Gimmler der Holunderblütensaft gar nicht süß genug sein konnte, stellte Johanne jetzt immer eine zusätzliche Glasschale mit Honig auf das Getränketablett. Kant und auch sie selbst schmeckten lieber der feinen Bitterkeit des Holunders hinterher.

Und dann waren sie eigentlich alle ganz froh, dass der Unterricht ein Ende hatte und Krocket gespielt werden durfte.

Obwohl das ein Spiel für eine bedächtige Hand ist, wurde herumgerannt, der *mallet* wie eine Keule geschwungen, geschwitzt und geschrien, als müsse man sich über Bergketten hinweg verständigen. Die Grafensöhne schüttelten Latein und Physik ab wie junge Hunde, Kant auf der sonnenwarmen Gartenbank sah ihnen liebevoll zu. Ob es möglich ist, in einem mit Liebe und Vernunft angelegten

Garten nicht nur Äpfel, Brombeeren und meinetwegen Bananen zu züchten, sondern auch vernünftige Menschen? Können wir, wenn wir die Gesetze der physischen Geographie verstehen, sie auch auf die Menschenrasse anwenden? Auf solche Fragen brachte ihn der sommerliche Garten der Gräfin.

Und die Leibwäsche?

Kant, der Caroline wöchentlich berichtete, welche Fortschritte Carl und Otto machten, wollte auch wissen, ob die Gräfin in dieser Angelegenheit über Johannes Verhalten schon entschieden hatte. Sein Freund, der Konsul Green, suche noch immer nach ansehnlichen Mägden für die Versorgung der Matrosen und Werftleute, habe sich sogar schon überlegt, ob man der Mannschaft seiner Kautschukschiffe nicht eine Handvoll junger Frauen mitgeben müsse. Männer, die monatelang weg von der Heimat sind, die ewige Hitze Afrikas. Da kommt einer schon mal auf Gedanken.

Nein, sagte Caroline, ich habe mich noch nicht entschieden, wollte abwarten, ob der Unterricht bei Ihnen, lieber Kant, besänftigend wirkt auf das ungebärdige Gemüt. Und dann soll ja auch der Erwerb des auvergnatischen Drosselakzents abgeschlossen sein, bevor ich. Nun also, in der Zwischenzeit übergeben Carl und Otto ihre unreine Leibwäsche gelegentlich selbst der Wäschemagd, ansonsten sehe ich darüber weg.

Für Louis Gimmler, das muss gesagt sein, endeten die Unterrichtstage regelmäßig mit einer Enttäuschung.

Auch wenn die Unterrichtsdiskussion durch seine Einwände bedeutsam, die Krocketschläge befreiend gewesen waren und Johannes Augen geglänzt hatten – machte Louis einen Strich unter so einen Tag, war der wieder eine Niederlage gewesen. Während Kant selbstverständlich zum Abendessen auf Capustigall blieb, wurde Gimmler nicht eingeladen. Wenn Gräfin Caroline Kant bat, ihr das Vergnügen seiner Teilnahme an einem einfachen Abendessen zu machen, hatte sie dabei eine Art, über Louis Gimmlers *façon* hinweg in den gläsernen Sommergarten zu blicken, einen Blick, der Louis verschwinden ließ, einen Blick, gegen den es nicht half, die Absätze in den Rasen zu bohren.

Um die krause Gedankenhecke von Carl und Otto zurechtzuschneiden, war er gut genug. Aber für die Abendtafel mit den Dohna-Schlobittens und Bernoullis war der Täschnersohn zu wenig Original.

Wenn Urgroßvater das Schädelfett aus der Perücke des Grafen gekratzt und seine Leute-Suppe gegessen hatte, nahm er den Studenten deswegen mit zurück in die Stadt.

Ich glaube nicht, dass der junge Mann ausschließlich wegen des gräflichen Hochmuts keinen Platz an der Abendtafel bekam. Sein unglückliches Aussehen wird schon auch eine Rolle gespielt haben. Wie Generationen von Gimmlers, allesamt Täschner, obwohl der Beruf dabei wahrscheinlich keine große Rolle spielte, höchstens, dass der Täschner ständig den Nahtzwirn zwischen den unteren Schneidezähnen durchzog, um ihm Spitze und Haltung zu geben, Veranlagung oder Beruf, was auch immer eine Rolle spielte, so litt Louis nämlich unter einem Überbiss, und zwar dergestalt, dass er sogar beim Verzehr gestampfter Kartoffeln Schwierigkeiten hatte, seine Schneidezähne in der Mundhöhle unterzubringen. Mit der Zeit hatten sich zwei bläuliche Kerben in die Unterlippe gegraben. Die speichelnassen Zischlaute, die er durch diesen Schneidapparat herauspresste, verdarben jedes Argument.

Johanne genoss die Diskussionen im Unterricht. Natürlich waren Kants Antworten immer unvergleichlich viel systematischer, viel zwingender als ihre Einwände es jemals sein würden. Aber wenn Kant kein einfaches Ja oder Nein herausbrachte, sondern bei Adam und Eva anfing und sich mit Plato über Christus, die Kirchenväter und Rousseau bis zu einer Antwort auf ihre Frage durchräsonieren musste, dann wusste sie, da hatte sie den Herrn mal wieder erwischt. Dass Louis, der im philosophischen Vokabular besser daheim war als sie, ihr dabei zur Hilfe kam, freute sie. Sie gewöhnte sich an, ihn als einen Verbündeten anzusehen. Als gehöre er in ihre Krocket-mannschaft. Ihre Leidenschaft und Louis schwungvolle Führung des *mallet* ließen Kant ziemlich alt aussehen. Auf das Tablett mit den Getränken kam jetzt Salbeihonig oder Thymianhonig, Louis fand ihn etwas bitter, manchmal lag da auch eine Pastete, die eigentlich zum Dessert für die Abendgäste gedacht war, Johanne hatte sie in der Küche dem Dessertschrank entnommen, als habe man sie darum gebeten.

Vielleicht hat Gimmler Johannes Freundlichkeit gar nicht begriffen. Oder geglaubt, dahinter stecke etwas, eine Absicht, eine Verachtung, ein Trieb, vielleicht alles zusammen. Es half nichts, er musste ständig an die Knielampe denken.

Jedenfalls glaube ich, dass der erste Vorfall damit zusammenhing, der erste, weil es danach noch einige andere gab, irgendwie rätselhaft waren sie alle.

Urgroßvater hatte Gimmler angeboten, er könne ihn in der Kutsche mit zurück in die Stadt nehmen. Gimmler soll widerwillig eingestiegen sein, für Außenstehende muss es ausgesehen haben, als hätte er eine Wut auf Urgroßvater. Er spottete darüber, dass Urgroßvater, der Herr mit den zwei Aigus, eine Perücke trug, wo er doch ständig behauptete, die Perücke müsse abgeschafft und die Gedanken durch die windige *façon* befreit werden. Dass Urgroßvater seine, wie gesagt, ziemlich unschöne Perücke nur aus Höflichkeit den Keyserlingks gegenüber trug, weil er fand, mit großer Symbolik hilft man der Sache nicht, das begriff ein Heißsporn wie Gimmler natürlich nicht.

Es muss dann während der Fahrt immer heftiger zugegangen sein.

Gimmler behauptete, man habe ums Prinzip gestritten, darum, ob man selbst eine Perücke tragen darf, wenn man die Perücke abschaffen will.

Während Urgroßvater Klara berichtete, dass nein, davon war keine Rede, sondern davon, dass er Louis gesagt habe, der junge Mann soll Johanne gefälligst nicht behandeln wie irgendeine Magd, die, also die.

Aber Gimmler habe nur frech herausgelacht und gesagt, dass Johanne ja nun wirklich genau die geeignete Person sei, um die krause Sehnsuchtshecke der Grafensöhne zu beschneiden, ha!

Worauf Urgroßvater ihn bat, mit dem Unsinn aufzuhören, am besten sofort.

Aber Gimmler habe nur weiter Speichel gesprüht, er mache dieser, dieser, nun ja: Magd gar keinen Vorwurf, das sei halt grundsätzlich die Natur der Frau, und die Natur dieser Johanne ganz besonders.

So muss es noch eine Weile hin- und hergegangen sein bis Urgroßvater, und in diesem Punkt stimmt die Erzählung beider Parteien dann wieder überein, bis Urgroßvater, ich kann es eigentlich nicht glauben, aber er selbst hat es Klara ja berichtet, bis er also dem Gimmler in die *façon* griff und ihn aus der Kutsche schmiss.

Den ziemlich langen Heimweg in die Hundsrieser Gasse machte der junge Mann zu Fuß.

Fassungslos, wie hatte man nur annehmen können, der Perückenmacher Lenné sei ein Mann der Aufklärung, soll Gimmler seinem Lehrer Kant von dem Vorfall erzählt haben, die seinige Version natürlich. Kant soll gelächelt haben. Er wisse ganz gut, warum manchmal sogar einem Hugenotten der Gaul durchgeht.

Die Geschichte vom Kutschensturz ging weiter an die Fritzin, von dort an die Schwester Ballath und überhaupt die halbe Stadt und kehrte bald darauf, prächtig ausgeschmückt, heim nach Capustigall. Stell dir vor, da schlägt doch tatsächlich der Perückenmacher dem Täschnersohn die Zähne aus, wegen einer Dienstmagd. Aber das passt zu seinen Marotten, uns will er ja die Perücke vom Kopf reißen.

Ich denke, Johanne muss diese Geschichte auch gehört haben.

Danach fing es mit den Misstönen im Unterricht an. Und wurde von Woche zu Woche schlimmer.

19

Was könnte er im Verhörzimmer drin sagen, falls die Commission ihn über diese jämmerliche Kutschfahrt mit Louis Gimmler befragt? Es war ja doch sehr viel mehr als nur eine Ohrfeige für einen vorlauten Studenten, wenig Handgreiflichkeit, viel Symbolik. Und irgendwas könnte es auch mit seiner Haltung zur Perücke, zur Obrigkeit, zur Aufklärung zu tun haben, er spürt das, kriegt das Bindeglied zwischen Kutsche und Aufklärung aber nicht zu fassen. Die Commission ist da sicher geschickter als er selbst, die betreiben die Ausforscherei berufsmäßig.

Hinter Urgroßvaters Rücken ist die Sonne weitergewandert. Die Stühle werfen lange Schatten.

Ein Paar schwankt den Gang entlang. Der Mann steckt merkwürdigerweise in einem Winteranzug, zerrt schwitzend seine Frau hinter sich her. Stöhnend sinkt sie auf den Stuhl links neben Urgroßvater, blinzelt ihm zu, als hätten sie beide ein Geheimnis, lehnt den Kopf an seine Schulter und schläft auf der Stelle ein. Sie muss völlig erschöpft sein. Ein Speichelfaden rinnt ihr aus dem Mundwinkel. Sie riecht nach Quitten.

Ihr Mann, die beiden werden doch wohl verheiratet sein, schaut den leeren Korridor auf und ab, drückt sich dann auf den Stuhl an Urgroßvaters anderer Seite, brummt, rempelt Urgroßvater an, zwängt ihn ein, als säße Urgroßvater auf dem Warteplatz, der eigentlich für ihn reserviert ist. Die Ellenbogen stechen durch die Ärmel des dicken Winteranzugs.

Lenné, sagt Urgroßvater, Perückenmacher Lenné, angenehm.

Wäre seine Nase bloß weniger empfindsam. In ihren weitläufigen Höhlen steht jetzt der Geruch von bröckligem Käse. Staunen muss man über das reichhaltige Angebot von Spitzeln, das dem Minister Woellner zur Verfügung steht. Erst ein Mäusefell, jetzt ein Ehepaar.

Sind die beiden seinetwegen da, oder geht es um Freund Kant? Sollte es hinter der Tür um den Philosophenfreund gehen, wirft man dem offenbar ein schweres Verbrechen vor, eines, dessen Spuren er gut verwischt haben muss, die Spitzel müssen Beweise beschaffen, eine gewaltige Gotteslästerung, eine Beleidigung der Majestät, aber wie soll er da seine Spuren verwischt haben? Wiederum: Wofür die Spitzel, wenn man eh alles beweisen kann?

Kein Wort wird er mit der schlafenden Frau und ihrem Mann reden. Er hat sich mit Namen vorgestellt, aus Höflichkeit und sicherheitshalber, aber mehr werden die beiden nicht aus ihm herausbekommen. Durch Schweigen hat er nichts mehr zu verlieren. Jeder Einfaltspinsel hätte inzwischen gemerkt, wen man da rechts und links neben ihn hingepflanzt hat. Tut man so, als hätte man es nicht begriffen, macht das einen noch verdächtiger.

Behutsam, wie er mit Menschen eben ist, schiebt Urgroßvater seine linke Schulter, es ist die, die tiefer hängt, ein bisschen nach vorn, die Frau soll es doch bequem haben und daran ausruhen können. Wer weiß, was die Frau um diese Zeit schon alles hinter sich hat. Außerdem beruhigen ihn ihre regelmäßigen Atemzüge irgendwie.

Sollte die Commission wirklich nach Kants Radiergummi fragen, will er sagen, dass ja, natürlich weiß er davon, Kant redet ja oft und deutlich genug darüber. Sogar in seinen Vorlesungen. Er, Urgroßvater, hat sich damit nie eingehender befasst. Falls man ihn auf seine zwei oder drei Anteilsscheine an der Kautschukgesellschaft anspricht, wird er sich die Stirn reiben, Anteilsscheine? Ach die, ja tatsächlich, die habe ich vergessen. Die Commission wird dann schon begreifen, dass ihm das Ganze unwichtig ist. Wolle man Herrn Kant etwa vorwerfen, dass er ein anständiges Geschäft machen möchte, ein sinnvolles Projekt verfolgt? Seit wann ist das verboten? Ist es falsch, mit Geschäften den armen Menschen auf dem schwarzen Erdteil drüben auf die Beine zu helfen? Es stimmt, jetzt, wo die Commission fragt, ja, er hat, wann war das nur, ein Probestück dieser fremden Kautschuk-Substanz geschenkt bekommen, vom Konsul Green, knallrot, mit einer samtigen Oberfläche, die sich lebendig anfühlt. In seine Werkstatt hatte er es gelegt und dort vergessen. Bis eines Tages Charlotte, die Zweitjüngste, den Radierkautschuk für einen Lutscher angeschaut hat und, weil es mit dem Lutschen so langsam voranging und der süße Geschmack ja vielleicht ganz innen drin steckte, hat sie das Ding aufgegessen. Insofern hat die Commission schon recht, dass, Achtung!, bei nicht bestimmungsgemäßem Gebrauch ist der Kautschukradierer gefährlich. Er, Étienne Lenné, Perückenmacher und Hugenotte und, zugegeben, Freund der neuen Philosophie, hat allerdings nichts, was sich bestimmungsmäßig auszuradieren lohnt. Das möchte er doch zu Protokoll geben.

Die Sommertage in Capustigall wurden kürzer, während die Kenntnisse von Carl und Otto wuchsen. Das Krocketspielen ging inzwischen ganz flott, auch in der physischen Geographie gab es Fortschritte. Man gewöhnte sich an das Bild der jungen Leute, die unter den Büschen im Kreis um ihren Lehrer Kant herum saßen, das gehörte hinein in Carolines Garten und wurde etwas, was den Ablauf dieser hellen Monate bestimmte. Regnete es einmal oder fiel der Unterricht aus, dann fehlte etwas im Tag.

In der Capustigaller Küche redeten sie inzwischen davon, dass Johanne den Täschnersohn zum Mann nehmen solle. Ein Bücherwurm zum anderen, ein gut gehendes Täschnergeschäft in der Stadt, das ist doch auch was. Viel besser als die schmutzige Leibwäsche der jungen Herren, oder Steckrüben bis ans Lebensende oder, wenn's hochkommt, den Matrosen in der Greenschen Werftkneipe zu Diensten sein. Noch dazu eine wie Johanne, die viel zu hübsch ist und davon nur Schwierigkeiten hat, nimm ihn, sagen die Frauen fast mitleidig, nicht gerade ein Bild von Mann, aber solide, und lesen und reden kannst du mit ihm, auch wenn er sich jetzt noch ein bisschen wild aufführt.

Was Johanne von solchen Ratschlägen hielt, weiß ich nicht. Mit ihrem nüchternen Blick auf das eigene Leben wird sie sich den Täschnersohn schon durchgerechnet haben. Und immerhin brachte sie Louis Honig und Gebäck in den Garten hinaus. Aber Gefühlsgetratsche fand sie albern, kein Tagebuch geschrieben, keine gute Freundin, der man vielleicht mal etwas verraten hätte. Bei Urgroßvater kommt es so heraus, dass er der Einzige war, mit dem sie offen reden mochte. Das hat ihn froh gemacht, aber gequält muss es ihn auch haben. Ihr Vertrauen schloss so viel Anderes aus, alles eigentlich.

Immer wieder treibt es Urgroßvater hinaus nach Capustigall, der Graf wundert sich, mit welcher Hingabe Urgroßvater sich der Perücke widmet, aber er zählt die Besuche nicht nach, muss sich um Wichtigeres kümmern, wer hat schon den eigenen Schädel so genau im Blick.

In der Küche, beim Suppe-Essen, fragt Urgroßvater Johanne, wie es vorangehe mit den Stunden bei Kant, dem französischen Akzent und, nun ja, überhaupt.

Für den Akzent der beiden Söhne, sagt Johanne, hat sie wenig Hoffnung, die wälzen ihre Zungen zu schwer im Mund herum. Aber ihr ist auch klar, dass der Akzent eigentlich Nebensache ist, sie versteht schon, warum Gräfin Caroline der Auvergne-Drossel einen Platz an der Abendtafel gibt: Sie ist jung, sie ist eine Dienstmagd, die sich fügen muss, und ganz unansehnlich ist sie schließlich auch nicht. Das hat sie Urgroßvater bereits gesagt.

Diesen Louis Gimmler hat sie zu Anfang ganz in Ordnung gefunden, immerhin eine façon, und schön muss ein Mann ja nun nicht sein, auch einer mit so einem abstoßenden Schneidapparat kann zum Ehemann taugen. Aber in der letzten Zeit macht er sich ständig wichtig, unerträglich. Ich muss nur den Namen Rousseau erwähnen, schon legt er los mit der Nacktheit des Naturzustands. Zu dieser Nacktheit müssten wir alle zurückkehren, und täten wir es nicht freiwillig, würde man uns eben dazu zwingen, alle, ohne Ansehen des Standes. Erst der völlig entblößte Körper gewähre einen unverstellten Blick auf die moralischen Gesetze in uns. Unter Goldbrokat seien solche Gesetze nicht sichtbar. Unter Lumpen allerdings genauso wenig.

Natürlich verstehen die Grafensöhne diesen Bombast nicht. Aber so viel verstehen sie schon, dass da über Schmutziges geredet wird. Hingerissen hören sie Louis zu. In ihrem Alter ist jede Abgeschmacktheit eine Offenbarung. Sie trauen sich kaum noch, mir in die Augen zu schauen, sagte Johanne, dabei betasten sie mich pausenlos mit diesen kälbischen, verschwitzten Bald-bin-ich-Graf-Blicken.

Das alles nur, weil Louis die Bubenphantasie zum Kochen bringt. Und wenn er nicht redet, wirft er Schafsbockblicke auf mich.

Mit brennenden Fingerbeeren hört Urgroßvater zu. Gewünscht wird er haben, dass Johanne merkt, seine Blicke sind anders, seine Gedanken sind anders, seine Wünsche auch. Vielleicht merkt sie es ja. Aber tief drinnen weiß er nicht, ob ihm wirklich recht ist, dass sie es merken soll. In den Fingerbeeren sitzt die Hitze, strömt aus dem ganzen Körper dorthin.

Wir kriegen die Zeiten nicht mehr richtig zusammen, Tante Eva und ich, der Kutschensturz muss wohl stattgefunden haben ganz kurz nachdem Johanne Urgroßvater erzählt hatte, wie merkwürdig Louis sich in den Unterrichtsstunden aufführte.

Bisher hatte Johanne unbekümmert an der Abendtafel der Gräfin gesessen. Jetzt hatte sie das Gefühl, sie könnte Verbündete brauchen, jemanden, der ihre Argumente teilte. Immer häufiger war von der physischen Geographie die Rede, die nicht nur Gimmler so auffasste, als könnte der Mensch ihr nicht aus. Johanne war sich dagegen sicher: Die afrikanische Sonne brennt keinem den Verstand weg, und die Kautschukwälder machen die Leute nicht für alle Zeit zum Affen. Auf welche Stufe eine Bauerntochter und Dienstmagd gehörte, das wusste Johanne. Sie wollte aber nicht hinnehmen, dass das von Natur aus so sein musste, unveränderbar, für sie, für den Täschner, für jeden. Hätte sie auf die Abendtafel verzichten sollen?

Sie bedrängte Gräfin Caroline, ob man nicht einmal den Nemo einladen könne, alle Welt redete im Augenblick von ihm. Ein Mann von der Goldküste, als kleines Kind hatten sie ihn in die Niederlande transportiert, die Niederländer schenkten ihn weiter an den Braunschweiger Herzog nach Wolfenbüttel, inzwischen habe er es zum Philosophieprofessor gebracht. Wenn man so einen an der Abendtafel sitzen habe, könne jeder sich selbst ein Bild davon machen, ob wirklich die Eingeborenen von der Goldküste ein Hirn von der Größe einer verschmorten Erbse hätten. Man werde ja sehen, wie er sich mit Bernoulli und Kant schlägt. Vielleicht könne sie selbst etwas Diderot in der Originalsprache vortragen, zum Beispiel aus dem Brief über die Blinden zum Gebrauch der Sehenden? Wo die Gräfin ihre Einladungen so gerne wie eine Opern-Ouvertüre inszeniert.

Oh Diderot!, sagte die Gräfin, das ist mir mal eine köstliche Idee. Aber vielleicht tanzt du uns lieber zur Einstimmung etwas vor? Das machst du so zauberhaft. Jedenfalls will ich deinen Vorschlag mit Doktor Kant besprechen, wenn einer weiß, ob sich das verlohnt, dann er.

Als Gräfin Caroline mit einigen Auserwählten über Johannes Vorschlag sprach, wurden Blicke getauscht und gelächelt. Na ja, nun, dass Johanne auf die Goldküste kommt, das liegt nah, das spürt so eine natürlich im Blut.

Nur Mister Motherby war für den schwarzen Philosophen, ganz energisch sogar. *Diversification MOST useful*, schrieb er auf einen grünen Zettel für Gräfin Caroline.

Während Kant sich nur mühsam beherrschen konnte, als die Gräfin ihn nach Nemo fragte.

Selbstverständlich hatte er von dem gehört, genug Lärm veranstaltet er ja an den Universitäten von Wittenberg, Halle und Jena, zwischen denen er hin- und herhüpft wie eine Krähe, nicht unbedingt die Bewegungsweise eines ernsthaften Denkers. Und Johanne wolle ihn kennenlernen? Das kann ich mir vorstellen, das unreife Ding, noch dazu, na ja, sensationslüstern. Ein Affe, der angeblich Lateinisch und Griechisch spricht und, da das bei Affen ja eher ungewöhnlich ist, deshalb auch gleich für einen Philosophen gehalten wird. Es kommt auf den Vergleichsmaßstab an. Ob sie so jemanden an ihre Tafel neben all die anderen Herren setzen will, das muss Frau Gräfin schon bitte selbst beurteilen. Der Schwarzphilosoph soll ja erstaunlichen Erfolge bei den Damen haben. Was eher an den gorillamäßigen Dimensionen seiner Schultern und anderer Körperteile liegen wird als an seinem Verstand.

In Jena hat er, bei Gott, seine sogenannte Vorlesung, bei der es sich eher um Wahrsagerei für Höhlenbewohner handelt, mit folgenden Worten angekündigt: Ich werde Teile der ausgewählten curieusen Philosophie, nämlich Physiognomik, Chiromantie, Geomantie, vulgo Punktierkunst, rein natürliche Astrologie und, was der Kryptographie entgegengesetzt ist, nämlich das, was man Dechiffrier-Kunst nennt, und zwar mit allem, was man abgelegt und verworfen hat, zusammen mit den abergläubischen Vorstellungen sowohl des gemeinen Volkes, als auch der Alten, mit denen man sich wegen ihrer Zweideutigkeit weniger beliebt macht, im Zeitraum des Trimesters mit sorgfältiger Anwendung zum Zweck des im politischen Staates klug einzurichtenden Lebens deutlich, wahrhaft und zur Genüge vortragen.

Astrologie. Punktierkunst. Curieuse Philosophie, eiferte Kant, ja, was denn noch? Im Leben werde ich es nicht begreifen, warum man diesen Eingeweidebeschauer in Jena nicht einfach davongejagt, ihm sogar eine Lehrerlaubnis erteilt hat. Folgen Sie, Frau Gräfin, nur frisch dem Vorschlag dieser Johanne – was, im Übrigen, macht die Leibwäsche? – und laden Sie den Mohren an Ihre Abendtafel. Gewiss doch, machen Sie das einmal. Lassen Sie rohes Fleisch zu seiner Philosophie auftragen, Sie wissen, wie viel ich von sinnlicher Anschauung halte. Mich selbst werden Sie dabei entschuldigen, ich halte mich an meine heimatlichen Steckrüben.

Gräfin Carolin kannte ihren Philosophenfreund als einen durch und durch sachlichen Charakter, seine Gründlichkeit übertraf seine Leidenschaftlichkeit bei Weitem. Dass die Idee, den Nemo zum Abendessen zu bitten und Johanne zur Einstimmung tanzen zu lassen, ihn aber auch derart die Contenance verlieren ließ.

Eines merken Sie sich, Gräfin!, (sich etwas merken soll sie, sogar seine Höflichkeit, die ihn sonst zusammenhält wie eine straffe Pelle, ist weg), selbst wenn so eine Blutwurst nicht vom Punktieren und Kryptographieren raunt, so gilt auch hier: Falls zufällig einmal in seinen Reden etwas stecken würde, was verdiente in Überlegung gezogen zu werden, es ist stets zu bedenken, das Individuum ist vom Kopf bis zu den Füßen hinunter gänzlich schwarz, was deutlich beweist, dass das, was er sagt, dumm ist. Dumm.

Und mit dieser Beweisführung stehe ich nicht allein, die größten Vordenker der Aufklärung sind sich darin einig. Ich will hier nur den Baron Montesquieu anführen, Frau Gräfin wird ihn selbstverständlich kennen, verwandt sogar?, eine Blutsverwandtschaft über die geistige hinaus liegt ja nah.

Der Baron also lehrt, dass die Afrikaners schwarz von den Füßen bis zum Kopf hinauf sind, und dass es undenkbar ist, dass Gott ein menschliches Hirn und eine menschliche Seele in einem schwarzen Körper untergebracht haben soll. Einer seiner Studenten hat es auf den Rand seiner Vorlesungsmitschrift einmal so notiert: Die Negers sind keine Menschen. Der betreffende Herr Student ist zwar mittlerweile auf Abwegen, aber hat er es mit dieser Notiz nicht ganz gut getroffen?

Allmählich fasste Kant sich. Noch ein paar Sätze über den Baron Montesquieu anfügen, der ist am karibischen Zucker so gründlich interessiert wie Kant selbst am afrikanischen Kautschuk, ein zwei Aphorismen des galligen Lord Hume, dann war der Philosophengleichmut wiederhergestellt.

Wie alles, was in Capustigall gesprochen wird, macht auch dieser Kantsche Wutausbruch die Runde. Johanne spricht mit Urgroßvater in der Küche darüber. Ihr Vorschlag, Nemo einzuladen, hat ja die ganze Aufregung verursacht.

Was verstehe ich schon?, fragt Johanne. Ich erkenne einen Schafbockblick, ich weiß, dass Carl und Otto in einem Alter sind, wo sie von jeder Phantasie feuchte Hände bekommen, Grafenhände halt. Ich verstehe, dass ich eine bin, die sich am Abend die Knielampe umbindet, und manchmal auch nicht, die jedenfalls, was immer sie macht, eine Magd bleibt. Die froh sein muss, wenn irgendwann einmal ein Kerl sie zur Frau nimmt, der sie nicht schlägt und genug Geld heimbringt, damit die Familie zu essen hat. Schönheit vergeht, Hektar besteht, das lernen wir Bauerstöchter von klein auf. Von Philosophie und physischer Geographie verstehe ich nichts, spreche Französisch mit einem Akzent, für den ich nichts kann, ich weiß ein bisschen was vom Wetter und vom Arbeiten. Davon eigentlich am meisten. Und jetzt zerreißen sie sich das Maul, weil ich finde, die Herren könnten ihren Verstand doch gefahrlos mal am Nemo wetzen. Was ist denn dabei?

Urgroßvater seufzt seinen halben Seufzer, diesmal wird es ein dreivierteler und, statt sich am Seufzerausklang zu räuspern, legt er die Fingerbeeren auf Johannes Handrücken. Die Hand ist schmal, aber man spürt, dass innen drin sehr feste Knochen stecken.

An Nemo interessieren mich nicht die Schulterdimensionen, von denen Doktor Kant redet, fährt Johanne fort. Oder höchstens ein klein bisschen. Sie wird dabei rot geworden sein, und Urgroßvater auch. Ich will nur wissen, wie so einer zurechtkommt mit seiner Natur und in dieser Welt, einer wie er, ein Hergeschenkter, der sein Leben mit Verstehen verdienen muss.

Ob Urgroßvater wisse, dass dieser Mann Nemo sagt, unsere Seele ist ein Stein, der nicht abgebrochen werden kann vom Rest unseres ebenfalls steinernen Köpers. So, wie unser Körper geklopft wird, so wird auch unsere Seele geklopft. Und gebrochen. Wenn du den Schlägen nicht ausweichen kannst, wer kann das schon, ist es gescheiter, dein Körper ist aus Stein und deine Seele dann auch. Unsere steinerne Seele ist ein kleiner Brocken der Gebirge, die aus dem Meer herausgefaltet werden, die wachsen und vom Wind abgetragen werden, sie wissen es nicht einmal. Das muss so sein, schreibt er, und was sein muss, ist weder schön noch hässlich, es existiert, und das reicht. Alles ist Natur und hängt zusammen. Deswegen kann ein Wahrsager es treffen, weil alles zusammenhängt. Deswegen verstehen wir uns selber, auch wenn wir uns dabei oft irren. Herr Bernoulli hat noch keine Gleichung für den Zusammenhang gefunden, solange muss man eben aus den Eingeweiden oder dem Flug der Krähen den Zusammenhang erraten.

Ob Urgroßvater verstanden hat, was Johanne da sagte, ob er überhaupt richtig zuhörte, oder sich in den eigenen Gedanken verloren gegangen war, weiß ich nicht. Ich denke, er wird traurig gewesen sein. Er hat gehört, der Doktor Nemo trägt Perücke.

Aber nicht deswegen wird er traurig gewesen sein.

Vielleicht war er traurig, weil er Johanne nicht begriff.

Vielleicht, weil ihre Hand so steinkühl unter seiner liegen blieb.

Wenn Herr Bernoulli am Ende kalkulieren kann, wie alles zwangsläufig kommt, dann muss ich nur noch in den Gleichungen des Herrn

Bernoulli nachschauen und mir ausrechnen, ob ich richtig handle oder falsch? Wo hätte da meine Freiheit noch Platz?

20

Wir hatten lange über Urgroßvater geredet, zweimal Aigu und doch so wenig draus gemacht, überhaupt aus sich. Und über die Gräfin und Johanne, und irgendwann mittendrin werde ich auf Tante Evas speckigem Sofa eingeschlafen sein. Sie hatte uns, ja, was hatte sie uns eigentlich eingeschenkt? Keine Ahnung, ich bin nichts gewöhnt, bei uns darf man ein Glas Sekt zum Geburtstag oder zu Silvester, sonst nichts. Es hat ziemlich viele Onkel und Brüder gegeben, die im Suff abgestiegen sind, wie Großmutter es nennt. Überhaupt gibt es in meiner Familie eine starke Neigung zu allen möglichen Abhängigkeiten, das Geschichtenerzählen gehört dazu, auch so eine Sucht, mit der man sich die Welt passend macht. Mutter muss, kurz nachdem sie Vater geheiratet hat, alle Flaschen aus dem Weinkeller geräumt haben, auf den schrägen Regalbrettern stehen jetzt Gläser mit Aprikosenmarmelade, im Februar spätestens hat die Marmelade obendrauf einen blauen Schimmelpelz.

Ich könnte also gar nicht mehr sagen, was ich, auf Tante Evas Sofa liegend, von dem Vorfall nur geträumt habe, was von Unbeteiligten darüber berichtet wurde, gab es denn überhaupt Unbeteiligte, was ich falsch verstanden und wo ich mir die Dinge nur zurechtgeschoben habe.

Noch hatte die Gräfin nicht endgültig entschieden, ob sie dem schwarzen Philosophen einen Platz an ihrer Abendtafel, was praktisch bedeutete: in ihrer Biographie, geben wollte. So eine Entscheidung musste reifen.

Also genau in dieser vagen Zeit muss es wieder zu einem Vorfall gekommen sein, zu dem Vorfall dieses Mal.

Während er sich ereignete, wird der Vorfall gar keiner gewesen sein. Jedenfalls kein richtiger und bestimmt nicht für jeden. Wenn etwas Peinliches geschieht, meint man ja, die Zeit bleibt mit rotem Kopf stehen. Aber dann ist es vorbei, und fast alle vergessen es.

Für Johanne war es nicht vorbei, nie war es vorbei für sie.

Wir sitzen in der Bibliothek von Capustigall, mir ist, als wäre das kein Traum, sondern es geschieht wirklich, geschieht mir und zugleich den anderen. Vor den Fenstern ein später Sommer mit altem Laub, die harten Birnen warten auf den Herbst, man kann im Garten nichts lernen an so einem Tag.

Die Unterrichtsstunde ist vorbei, Professor Kant stellt fest, man könne in der Tat ein wenig frische Luft brauchen, Johanne schlägt Krocket vor, ein paar harte Schläge auf die Holzkugel vertreiben die Wut über dämliche Argumente.

Im Unterricht hatte Louis sich nämlich mal wieder über die Triebhaftigkeit verbreiten dürfen, scheint, als kann er derzeit an gar nichts anderes denken.

Speziell die Rasse mit der dicken, schwarzen Haut ist dem Trieb hilflos ausgeliefert, und je triebhafter ein Geschöpf, desto weiter weg vom eigentlichen Menschsein. In der Vorlesung will er die Auffassung des Professors dazu peinlich genau mitgeschrieben haben. Demnach führt die ewige Schwüle, die unanständige Fruchtbarkeit Afrikas, der ganze Erdteil dünstet dort unten praktisch Geschlechtlichkeit, und all das führt, so lehrt es die Physische Geographie, zur bekannten Afrikaner-Triebhaftigkeit, die damit zum ersten Mal restlos erklärt wäre.

Während er das von sich gibt, springt sein Blick zwischen dem Professor und mir hin und her, mir kommt vor, sein Blick riecht. Er redet und liest sich in Hitze, wedelt mit den Vorlesungsnotizen, bis sein Dampf im Zimmer verteilt ist.

Der Mensch, so geht die Lehre, sollte sich bekanntlich die ganze Erde untertan machen, war dementsprechend für alle Klimaten und für jede Beschaffenheit des Bodens ausgerüstet; folglich mussten in ihm mancherlei Keime und natürlich Anlagen bereitliegen, um bei Gelegenheit entweder ausgewickelt oder zurückgehalten zu werden, damit er auf seinen Platz in der Welt passt. Dieser Platz, Hitze, Wind, Wasser, Boden, all das wickelt von seinen inneren Anlagen die jeweils richtigen und notwendigen aus ihm heraus. Und im Fortgang der Zeugungen macht es sich dann so, dass die Früchte seiner Lenden für genau diesen Platz gleichsam geboren und dafür gemacht zu sein scheinen.

Auswickeln, Lenden, Zeugungen. Im Fortgang.

Carls und Ottos Ohren glühen. Louis dreht sich zu mir, lässt seine Augäpfel herausquellen und tröstet, ich muss mich meiner weiblichen Triebhaftigkeit weiß Gott nicht schämen. Was weiß der denn davon?

Die Gartenbank, auf der Kant sich ausruht, steht plötzlich nicht mehr neben dem Krocketrasen, sondern tief im Süden, er wird mit dem Kautschukschiff hingesegelt sein, Mister Motherby sitzt neben ihm, hält seine Hand. Von dort aus kann man Louis nur schlecht verstehen. Die Gräfin wird unsere bukolische Szene in Kupfer stechen.

Scham, redet Louis weiter, für ihn geht der Unterricht jetzt erst richtig los und bereitet dem Vorfall die Bahn, Scham ist nur dann am Platz, wenn man auch anders hätte handeln können, dies aber unterlassen hat. Weiß man es nicht besser und kann partout nicht dagegen an, dann muss man sich nicht schämen. Ich soll doch um Himmelswillen nicht versuchen, meine Triebhaftigkeit zu leugnen. Das ist vergeblich, denn die liegt mir eben im Blut, ich bin daran unschuldig. Besser, ganz im Sinne Rousseaus, meiner Weibsnatur nachgeben, sie am besten gleich vollständig auswickeln, nicht wahr. Was für ein Würstchen, mein Gott. Dass er mal Täschner sein wird, wiegt es nicht auf.

Dann liest er wieder aus seiner Mitschrift vor:

Die größte feuchte Hitze der südlichen Zonen muss Wirkungen zeigen, wie sie in unserem Norden nie möglich wären und auch nicht notwendig sind. So muss der Wuchs der schwammichten Teile des Körpers in einem heißen und feuchten Klima zunehmen, daher eine dicke Stülpnase und Wurstlippen. Die Haut muss geölt sein, nicht bloß, um die zu starken Ausdünstungen zu mäßigen, sondern die schädliche Einsaugung der fäulichten Feuchtigkeiten der Luft zu verhüten. Der Überfluss an Eisenteilchen, den man in jedem menschlichen Blut findet, wird in der netzförmigen Unterschicht der Mohrenhaut zum Niederschlag gebracht. Dies geschieht durch phosphorische Säuren, nach denen alle Negers stinken, und verursacht zudem jene Schwärze, die durch das Oberhäutchen durchscheint. Der hohe Eisengehalt im Blut scheint auch notwendig zu sein, um der allfälligen Erschlaffung aller Körperteile vorzubeugen.

Mit offenem Mund rammen die beiden Grafensöhne Krocket-Tore in den Rasen, kleine schmiedeeiserne Bögen, geformt wie Brüste.

Das Öl der Haut zersetzt oder verbraucht den zum Haarwuchs erforderlichen Nahrungsschleim und verstattet so kaum noch die Erzeugung einer den Kopf ordentlich bedeckenden Wolle. Wie überall fördert feuchte Wärme den starken Wuchs aller Tiere, kurz und gut: Das afrikanische Klima konnte zwangsnotwendig nur genau die mohrische Rasse hervorbringen, nur die kommt damit zurecht, stark, fleischig und gelenk, wie der Mohr halt ist, aber, das beweist die Physische Geographie, unter der reichlichen Versorgung seines Mutterlandes eben auch faul, weichlich und tändelnd.

Johanne rennt auf mich zu, erregt es sie, was ich aus meiner Mitschrift darlege? Ist sie zornig, aber heimlich einverstanden? Oder will sie nur als Erste schlagen? Sie drischt auf die Holzkugel, die fliegt weit hinten ins Lavendelbeet. Der alte Lenné geht hin und bringt die

Kugel zurück, und ich erkläre Johanne, dass es so nicht geht, um Gotteswillen. Die Beine auseinander, Schultern runter, Arme gerade ausstrecken, als wolle man etwas empfangen. Den *mallet* greifen, der linke Daumen über dem rechten. Sie versteht nicht, ich stelle mich hinter sie, packe ihren rechten Arm, biege ihn zurück, umfasse mit der anderen Hand ihre Taille, reiße sie ganz nah an mich heran, spüre ihre Hitze, das weiche, frauliche Nachgeben, ich muss die richtige Schlagtechnik in sie hineinzwingen. Der alte Lenné stiert zu uns herüber, mit einer Hand hält er seine Perücke fest, als reißt der Wind sie ihm jeden Augenblick runter. Es geht gar kein Wind.

Mit jedem Wort bläst Louis seinen Schafsbockatem über meinen Hals, er schwitzt derart, ich spüre, mein Kleid wird nass. Plötzlich biegt er meinen Arm noch weiter nach hinten, die Holzkugel treffe ich so bestimmt nicht, zerrt meine Schultern zurück, was will er von mir.

Carl und Otto sollen mal herkommen, quetscht er heraus. Hält mich ihnen hin wie, Herrgott ja, wie ein Stück Fleisch.

Unsere Sinne sind die Quelle unserer Sinnlichkeit, und die Sinnlichkeit ist die Garantie der Wahrheit, sagt er. Fasst ihre Haut an, vorwärts junge Herren, nur zu. Das Öl meiner Haut sollen sie spüren, die phosphorischen Säuren, die feuchte Wärme, die ich auf Grund der Gesetze der physischen Geographie zwangsläufig absondere. Ich kann nicht fragen, von welchen verfluchten Geographie-Gesetzen er daherspeichelt, weil er jetzt die Finger in meine Taille krallt, als will er mich in der Mitte auseinanderreißen. Woher er nur auf einmal die Kraft hat, merkwürdig.

Ich schlage vor, ihr beiden jungen Herren betastet die weibliche Haut dort, ja dort am Übergang vom Hals zum Schlüsselbein. An dieser Stelle sind sie erregend schwammicht und mit Schweiß- und Duftdrüsen üppig ausgestattet. Überzeugt euch.

Gehorsam stellen die beiden Schüler sich vor mich hin, Étienne und dieser Mister Motherby kommen näher, Carl und Otto heben den Arm, betasten mich.

Als ich die schwitzigen Grafenfinger spüre, reißt etwas in mir.

Ich habe Louis in die Hand gebissen, mich aus seinen Händen herausgewunden und auf die Holzkugel eingedroschen, als sollte alles zerspringen.

Die Kugel ist davongeflogen, in einem irrsinnigen Bogen ist sie in den Himmel hinein, wir haben ihr hinterhergestarrt, wie sie im Herbstmittag verschwindet und fliegt und weiter fliegt, bis man sie nicht mehr sieht, und immer weiter, bis sie am Ende in das gläserne Treibhaus hineingekracht ist, das die Gräfin für ihre Bananenstauden hat bauen lassen. Geklirrt hat es, und froh bin ich gewesen, wie ich später die Glasscherben in den unreifen Bananen habe stecken sehen.

Die Gräfin muss schon eine ganze Weile auf der Veranda gestanden haben, ich weiß nicht, ab wann sie das Ganze beobachtet hat, sie ist manchmal einfach da, man merkt es nicht. Jetzt ist sie jedenfalls ziemlich eilig zu uns hergekommen, hat gesagt, Carl und Otto sollen sich die Hände waschen, es gebe gleich Essen. Und danke für den Unterricht.

Sie hat Louis Gimmler angeschaut, aber nur kurz, als wäre er der Stiel einer Harke, die der Gärtner vergessen hat. Ob Professor Kant sich freimachen und möglicherweise zum Abend dableiben könne? Was mich anging, hat sie getan, als wäre ich gar nicht da.

Ich wache dreihundert Jahre später mit Kopfweh auf Tante Evas Specksofa auf.

Das war alles? Das war der Vorfall?

Wenn man nicht gerade Johanne ist, wird man vielleicht sagen: Na und? Eine Peinlichkeit, höchstens. Ein Missverständnis, an dem sie selbst nicht ganz unschuldig ist. Eine Überempfindlichkeit. Die Sitten im Hause Keyserlingk müssen doch recht rousseaumäßig gewesen sein. Und die Söhne sind, mein Gott, wie schon, wie Söhne in dem Alter eben sind. Niemand macht Johanne einen Vorwurf.

Ist es wirklich so gewesen, Urgroßvater?

Niemand hat Johanne einen Vorwurf gemacht, nein? Niemand?

Und warum bist du aus der Küche gerannt, nachdem Johanne dir das alles erzählt hat? Warum bist du gerannt, als müsstest du noch vor Sonnenaufgang unbedingt den hauchfeinen Horizontstrich erreichen, dort, wo der Nil vom Rand der Erdkugel hinunterfällt, warum? Warum bist du, da war es doch schon dunkel, ohne Jacke heimgekommen und ohne Schuhe, das war noch nie vorgekommen, hast kein Wort geredet, bist in die Werkstatt, hast ein paar Perücken auf den Boden geworfen und dich zum Schlafen darauf gelegt? Du sagst ja nichts.

Du hattest mit dem Vorfall nichts zu schaffen.

Trotzdem hat man dich danach nur noch mit Perücke gesehen. Dich, den Perückenabschaffer. Als hättest du abgeschworen. Als hättest du in deinem Schädel Gedanken entdeckt, die es dir durch die Schädeldecke treibt, wenn du keine Perücke draufpresst. Unschöne Gedanken, nie hättest du dir sie zugetraut.

Wie war es wirklich?

Das muss jeder selber wissen, sagt Tante Eva. Aber stell dich mal für einen Augenblick auf ihre Stelle.

Jedenfalls ist Johanne ins Gerede gerutscht.

Schon immer hatte sich die Stadt gewundert, wie Johanne an den Abendbrottisch der Gräfin gekommen war. Die paar Brocken Französisch, die sie Carl und Otto eintrichterte, die können es doch nicht ausgemacht haben.

Kant wird der Fritzin von dem Vorfall erzählt haben. Er führte ja gerne vor, wie vertraut er mit der inneren Mechanik des Grafenhaushalts war. Nicht aus Renommiersucht, sondern weil er das Radiergummiprojekt vorantreiben musste, da war es hilfreich, wenn er mitteilen konnte, dass sich auch die höchsten Kreise für die Kautschukstücke interessierten.

Nachdem die Fritzin es wusste, wusste es kurz darauf die ganze Stadt. Man fand es unerhört, dass die Dienstmagd die Bananen der Gräfin zu Matsch geschossen hatte. Vom Schlüsselbein war die Rede und von der Drosselgrube. Und immer wieder vom Trieb. Die Söhne des Grafen! Mitten auf dem Capustigaller Rasen. Man fachsimpelte über phosphorische Säuren, Eisengehalt im Blut, Duftdrüsen.

Die Nachfrage nach Leopardenfellen stieg. Konsul Green depeschierte einem befreundeten Londoner Kuriositätenhändler um schleunige Lieferung.

Der Täschnersohn Louis Gimmler, der bei jenem inzwischen berühmten Afrikanischen Abend Kants noch nicht dabei gewesen war, wurde jetzt überall eingeladen, musste aus erster Hand berichten. Schweiß. Duftdrüsen. Schwammicht, oh Gott. Physische Geographie, man hatte es geahnt. Seine blau gekerbte Unterlippe bewies: Der junge Mann dachte nach, glaubwürdig war er.

Wie ein Furunkel ist das Gerede angeschwollen.

So viel wurde getratscht, dass am Ende die Gräfin zu Johanne sagen musste, so leid es ihr tue, und sie dankt ihr auch für alles, was sie an Carl und Otto geleistet hat, also in Hinsicht auf den Akzent, im Rousseau sind sie jetzt ja schon fast zu flüssig. Mehr ist nicht nötig, die beiden sollen schließlich keine ostpreußischen Ronsards werden, nicht wahr. Nun geht es um strenge Fächer, Hebel, Tangenten, Physik.

Und zu deiner Beruhigung, Johanne, sagte die Gräfin: Professor Kant habe ich gebeten, diesen Studenten nicht mehr herzubringen, peinliche Figur. Alles in allem wird es aber klüger sein, du nutzt die letzten Herbsttage, um deine Eltern bei der Ernte zu unterstützen, ich weiß doch selbst, wie hart die beiden arbeiten. Die Zeit dafür gewähre ich gerne. Wenn sich das törichte Gerede über den Vorfall, wenn man ihn überhaupt so nennen möchte, erst das Gerede hat ihn ja zu einem Vorfall gemacht, wenn es sich also gelegt hat, und damit rechne ich zuverlässig, manchmal bin ich froh, wie schwach das menschliche Gedächtnis ist, deshalb brauchen wir zur Auffrischung des Gedächtnisses Gerede, ständig neues Gerede, dann überlegen wir gemeinsam, wie es weitergehen kann. Den Besuch bei meinem braunschweigischen Vetter wollen wir noch ein wenig hinausschieben. Erst einmal ernten jetzt.

Ja. Nur dass der Hafer seit Wochen geschnitten, die Rüben und der Kohl in feuchten Sand eingegraben waren, zum Ernten gab es bei den Eltern nichts mehr. Das wird die Gräfin Keyserlingk nicht eingerechnet haben.

Von dem schwarzen Philosophen Nemo war ohnehin nicht mehr die Rede.

Tante Eva sagt, sie weiß es auch nicht, aber eine Kraft muss diese Johanne gehabt haben. Es wird nichts davon berichtet, dass sie zusammengebrochen wäre, weil die Gräfin sie vom Hof gejagt hat. Von Johanne wird überhaupt am wenigsten berichtet.

Wer Johanne sofort geholfen hat, das war meine Urgroßmutter Klara. Eine durch und durch nüchterne Person, genau wie Kant. Was man ihr allerdings besser nicht sagte.

Von jetzt ab würde Johanne also nicht mehr Carl und Otto, sondern den Lenné-Kindern, meinen Urgroßonkeln und Urgroßtanten, den auvergnatischen Akzent beibringen, das hat noch keinem geschadet, und Étienne würde ihr dafür ein kleines Gehalt zahlen, Kost und Logis waren umsonst und die Stadtluft ohnehin.

Außerdem nagelte Urgroßmutter Klara das Frisierkabuff neben der Perückenwerkstatt kurzerhand zu, Kraft, Wut und Geschick dazu hatte sie ausreichend. Étienne soll sein Getue mit der Fassong mal hübsch bleiben lassen, Verdienst kommt davon keiner herein. Wenn Étienne nur endlich zu seinen Perücken zurückkehrt, dann geht es schon und reicht für alle. Suppe kann man mit Wasser verlängern.

Weil Johanne im späten Herbst und Winter den Eltern auf dem Hof höchstens beim Frieren und Nicht-Satt-Werden hätte helfen können, sollte die Abmachung bis kommendes Frühjahr gelten, dann würde man weitersehen.

So lang hat die Abmachung dann allerdings nicht gehalten.

Urgroßvater sagte nichts, nicht einmal einen Seufzer hat er herausgebracht. Nur dass er auch in dieser Nacht wieder in der Werkstatt schlief. Im Traum band er die Gräfin an eine Weide an der Ufermauer, entblößte ihren Rücken und peitschte sie mit gespaltenen Röhren. Durchschwitzt wachte er auf. Nie mehr würde er die Leute-Suppe und das warme Gebäckstück anrühren.

Was im Übrigen seinen sogenannten Freund Kant angeht, sagte Urgroßmutter am nächsten Morgen, wenn er sich unbedingt mit diesem Menschen treffen muss, dann bitte nicht mehr in ihrem Haus. Das gilt auch für die beiden anderen Gestalten, Green und Motherby.

Étienne soll sich bloß nichts vormachen. Kant ist sein Freund nie gewesen. Kants Perückenmacher, das ist er, nichts weiter. Alle Männer, die sich einbilden, große Männer zu sein, haben ihren Perückenmacher, ihren Briefträger und ihren Kammerdiener, der morgens den Leibstuhl leert. Der Briefträger schlägt sie im Dame-Spiel, der Kammerdiener überbringt der Geliebten die Briefchen, springt auch sonst schon mal ein.

Klara hat den Doktor Blumenbach gefragt, ein gescheiter Mann, und von seinen Leichen versteht er etwas. Er hat ihr erklärt: Ist man auf einem Gebiet ein Riese, dann ist man auf einem anderen Gebiet ein Zwerg, die Natur gleicht das immer aus. Einem Übermaß in der Metaphysik entspricht ein Untermaß an Musculus erector spinae, um mal ein Beispiel aus seinem Fach zu nehmen. Der Musculus erector spinae hält den Rücken gerade, dies zur Erläuterung. Also darin, im Ausgleich des Ungleichgewichts, sagte Urgroßmutter, und nicht etwa in eingebildeter Freundschaft, liegt die Bedeutung von Perückenmachern und Leibstuhlleerern.

Einen Augenblick hatte Étienne geglaubt, er müsse zum Stramin greifen.

21

Aber das kann die Commission doch nicht interessieren. Also: Was ihm einfällt, einer Magd, die der Graf vom Hof gejagt hat, Zuflucht zu gewähren? So melodramatisch ist nicht einmal die Commission des Ministers Woellner.

Unentwegt schleppten Kanzlisten Kaffeetabletts in das Verhörzimmer und trugen leeres Geschirr ab. Wenn sich die Tür öffnete, sah man ein Fenster und ein Stück himmelblauer Wand, keine Menschen. Kaffeetassen klirrten leise. Vielleicht war das Zimmer leer. Vielleicht kippte ein Kanzlist Kaffee aus dem Fenster und warf Gebäckstücke hinterher, ansonsten passierte in diesem Zimmer überhaupt nichts.

Die Frau an Urgroßvaters Schulter versuchte, sich aus schweren Träumen herauszuwinden, das schien ihr nicht zu gelingen. Manchmal packte sie seine Hand, quetschte sie, stöhnte im Schlaf. Dann roch es ganz stark nach Quitten.

Seit neun Uhr, pünktlich neun Uhr, saß er auf diesem Stuhl. Vom Turm der Altroßgärter Kirche schlug es jetzt vier.

Vorsichtig, um die Träumende nicht aufzuwecken, versuchte er, einen der geschirrtragenden Kanzlisten anzuhalten. Nach einigen Versuchen gelang es.

Er wolle, sagte Urgroßvater, gewiss nicht, also ungeduldig möge seine Frage bitte nicht klingen oder, Gott behüte!, ungezogen. Aber falls sich eventuell schon absehen ließe, wann er vor der Commission erscheinen dürfe, vielleicht eine kleine Mitteilung, er säße hier seit, also wirklich nur gegebenenfalls.

Wie er heißt.

Urgroßvater nannte den Namen, wiederholte ihn zur Sicherheit, zweimal Aigu, auf den ersten Hieb versteht das keiner. Er buchstabierte den Namen, malte die Aigus in die Luft, bot an, ihn niederzuschreiben.

Der Kanzlist zog die Augenbrauen hoch, verschwand im Commissionszimmer, kam nicht wieder, kam dann doch wieder, erkundigte sich ungehalten noch einmal nach dem Namen, hatte ihn selbstverständlich missverstanden, ging hinein, kam heraus mit einer Liste.

Der Taufname demnach Ätienne?

Urgroßvater erklärte, dass in seiner Familie der älteste Sohn immer auf Étienne, also mit der Taufe habe es nämlich …

Der Name steht nicht auf der Liste. Ätienne, das wüsste ich. Kein Ätienne hier, nicht einmal etwas Ähnliches.

Urgroßvater schaute auf die Lackschuhe des Kanzlisten.

Der Frau neben ihm war es gelungen aufzuwachen, sie drückte seine Hand, ein freundliches Drücken diesmal, kein Albtraum. Eher so, als hielte sie dem Gefährten tröstend die Hand.

Der Kanzlist war redselig geworden, erklärte Urgroßvater ein ums andere Mal, er stehe nicht auf seiner Liste, nicht auf dieser jedenfalls, nein, nicht auf der. Er solle zusehen, dass er verschwinde, einen ehrlichen Beruf werde er doch haben, der ihn zu Haus erwarte? Allerdings sei es vorteilhaft, wenn er sich auch weiterhin während der Arbeit bereithielte, am besten immer. Nur für den Fall, dass er auf einer anderen Liste. Auf irgendeiner Liste stehe man ja stets, sie könnten hier die Listen nur Stück für Stück abarbeiten. Das Warten habe er heute schon mal geübt. Und nun möge er freundlicherweise verschwinden. Es werde nicht gern gesehen, wenn einer, der zum Verhör gar nicht einbestellt sei, sich hier drin einen faulen Lenz mache und nur die Stühle abnutze. In der Bulatengasse warteten Frau, Kinder, Arbeit und Französischmagd auf ihn, nicht wahr? Perücken und im Kabuff die Fassong, haha, man wisse durchaus Bescheid, allongsong, Herr Monsieur.

In diesem Augenblick stand die Frau mühelos auf, kniff dem Kanzlisten in die Wange, schritt an ihm vorbei in das leere Commissionszimmer und schloss die Tür.

Wie betäubt ging Urgroßvater am Ufer des Pregelflusses heim. In den Aussparungen der Ufermauern wuchsen Weiden. Solange die jung gewesen waren, hatte niemand auf sie geachtet. Alt waren sie geworden, und doch wuchsen sie weiter und brachen jetzt die Steine aus der Mauer. Der Pregel hätte Urgroßvaters trübe Gedanken ins Weitere führen können, weg aus der Stadt. Die Steine waren warm wie entzündete Ohren. Der Pregel roch nach dem Urin eines alten Mannes.

Das jedenfalls gehört festgehalten: Urgroßvater ist unverhört heim. Mit dem Gerede in der Familie, sie hätten ihn zum Verhör geholt, und dass es zwangsläufig mit ihm so enden musste, wie es endete, darf jetzt Schluss sein. Verhört wurde er nicht. Das ist alles.

Letzthin habe ich das beim Abendessen genau so gesagt.

Ach Gott, Junge, wieder eine der wirren Theorien meiner jüngsten Schwester, sagte Mutter. Evchen war schon immer groß darin, sich die Welt hinzudrehen, bis sie ein Spiegel ist, in dem sie hübsch aussieht. Daran gewöhn dich.

Aber ob Urgroßvater nun ins Verhörzimmer hineingemusst hat oder ob er, wie Tante Eva und ich glauben, nicht hineingemusst hat – mit dem Verhör, das wahrscheinlich nie stattgefunden hat, änderte sich vieles.

Nicht für alle wird das Verhör die Dinge verdreht haben.

Für Johanne zum Beispiel ist es bestimmt nicht das Verhör, sondern der Vorfall gewesen.

Andere werden überhaupt nichts gewusst haben vom Verhör. Obwohl die Commission dafür sorgte, dass bekannt wurde, wen sie vorlud. Sie überließ es gern der Phantasie der Leute, sich auszumalen, was der Vorgeladene verbrochen hatte. Ängste, Übertreibungen, Gerüchte waren gut fürs Commissions-Geschäft.

Nach dem Verhör wurde es praktisch zur Mutprobe, sich von Urgroßvater den Kopf schneiden zu lassen. Allgemein wurde angenommen, die Commission führe Schnittlisten, natürlich nicht für die Taglöhner oder Werftarbeiter, aber doch für die Bürger, die sich eine Perücke bequem hätten leisten können. Da wartete man mit der Fassong besser noch eine Weile, das Haar kann auch später runter.

Bald blieben Urgroßvater nur die Frisierbesuche auf den umliegenden Gütern. Und dort wollte man selbstverständlich keine *façon*. Die Allonge aufondulieren, das Schädelfett herauskratzen, die eine oder andere Locke hinzufügen, so eine Perücke hat ja ein Leben und eine Seele, darum muss man sich kümmern. Ansonsten fanden die Herren Barone, die Commission könne sie kreuzweise. Behaglich saßen sie auf ihren Steckrübenäckern, Kohlköpfen und Bauern und hielten sich für unentbehrlich. Es war praktisch, dass man Urgroßvater, seit er angeblich verhört worden war, im Preis drücken konnte.

Die Kritiken und anderen theoretischen Kapitel der Aufklärung, die sein Freund Kant ihm unermüdlich auseinandergesetzt hatte, brachte Urgroßvater, vorübergehend, wie er sich vornahm, in einer entlegenen Hirnfurche unter, irgendwo zwischen Ohrmuschel und Kieferwinkel. Es würden schon noch Tage kommen, da könnte man sie gefahrlos wieder herauskramen. Auch ohne Aufklärung gingen seine Geschäfte kümmerlich genug. Am liebsten hätte er sich zwischen die Arme des Nil gesetzt. So war es halt nur die Mauer, die den Pregel in sein Bett zwingt. Die Steine wurden jeden Tag kälter, er sah dem Wasser nach, das grau davonfloss.

Kants Geschäfte dagegen waren durch das Verhör hübsch in Schwung gekommen. Für seine Vorlesungen wurde das Auditorium maximum zu eng, vielleicht las er demnächst auf dem Marktplatz, da gab es frische Luft. Letzthin waren Damen während seines Vortrags in Ohnmacht gefallen, weil kein Platz mehr war, die Fenster zu öffnen.

Nachdem Kant die Sache mit der Höherentwicklung des Menschengeschlechts über die Rassenleiter hinauf geklärt und Ostpreußen verpflichtet hatte, die Wilden Afrikas zu zivilisieren, zu ihrem eigenen Besten und wenigstens versuchsweise, konnte man sich nunmehr der universalen Freiheit und Gleichheit des eigentlichen Menschen zuwenden. Da gab es noch viel zu tun.

Die Anteile an der Kautschukgesellschaft seines Freundes Green und Mister Motherbys stiegen täglich im Wert. Seit man wusste, dass die Expedition der Kautschukgesellschaft und die Arbeiten an der Pillauer Werft beim Verhör nicht zur Sprache gekommen waren, kauften die Leute Anteile wie die Wilden. Geradezu besoffen waren die Städter vor Neugier auf den schwarzen Erdteil.

Und wo es mit der Kautschukexpedition so flott voranging, ging es automatisch mit dem Radiergummiprojekt vorwärts, auch wenn Green und Mister Motherby, wie Kant sehr wohl wusste, heimlich darüber lächelten.

Capustigall aber blieb von all dem unberührt. Allenfalls, dass Kant mit seinen Ideen gegenüber der Obrigkeit so viel riskierte, ließ ihn an der Abendtafel heller glänzen.

Allgemein bedauert wurde, dass die hübsche Johanne fehle. Gräfin Caroline deutete an, Johanne habe sich freie Zeit erbeten, sie sei den Eltern bei der Ernte unentbehrlich, der Hafer, die Herren verstünden doch wohl. Man nickte lächelnd, man wusste ja, dass ohne Arbeit nichts auf den Tisch kommt.

Kant schwieg dazu.

Ansonsten: aufgeklärte Gespräche, kluge Berechnung, knusprige Perlhühner, kontrapunktische Tafelmusik. Belebend, wie gehabt.

Warum Urgroßmutter Klara nach dem Verhör, das nicht stattgefunden hatte, wie ausgewechselt war, ist mir unbegreiflich. Tante Eva sagt, sie hat das auch nicht verstanden.

Festgehalten ist ja wenig.

Briefe hat Urgroßmutter keine geschrieben. Nur eine Art Tagebuch haben wir in den Kisten gefunden, eher ein Haushaltsheft, in das sie ihre Einkäufe schrieb und das, woran sie denken, und das, was sie vergessen wollte. Oft frage ich Urgroßmutter, warum hast du dies gemacht und jenes gelassen, was hast du dir dabei gedacht. Sie antwortet selten. So ist sie.

Früher hätte sie Urgroßvater ausgeschimpft, weil er sich hängen ließ, am Pregel herumlungerte und seinen Tagen hinterherschaute. Weil kein Verdienst hereinkam. Weil es ihn nicht kümmerte, dass für die drei Töchter keine Schwiegersöhne in Aussicht standen. Weil, weil, weil.

So hätte ich es erwartet. Aber statt zu schimpfen, steckte sie mit Johanne in der Küche und – kicherte. Unglaublich, ich habe sie sonst nie kichern gehört. Sie kicherte vielleicht, weil Johanne, die zu Hause den Stall und den Hafer versorgt hatte, und bei den Keyserlingks nur eine äußerst weltläufige Haushaltsführung erlebt hatte, nicht wusste, wie man eine Perückenmacherfamilie in der Stadt ernährt.

Johanne stand im Weg, nahm eine Schere, nahm ein Messer, legte es zurück, fragte, ob sie die Kartoffeln schälen oder gründlich abwaschen sollte, nur abwaschen, geht zu viel verloren sonst, und wieviel Wasser in die Suppe gehört. Wenn es, was selten vorkam, ein Huhn gab, schnitt sie es auf und versuchte Klara zu zeigen, wie eine Eingeweideschau geht. Sie selbst wusste es auch nur aus Erzählungen.

Wenigstens das Wäschewaschen musste man ihr nicht beibringen.

Sie hätte Klaras Tochter sein können, die noch viel über das Leben lernt, aber Klara muss sie als eine Freundin angesehen haben.

Johanne selbst war ebenfalls nicht wiederzuerkennen.

Das Französische, für das Urgroßvater sie angestellt hatte, das Französische, sagte sie jetzt, ist nichts, was man nur durch die Ohren lernt, oder indem man einer auf den Mund schielt, und aus Büchern gleich gar nicht. Man muss es einsaugen wie kalte Luft. Weswegen sie mit den Kindern nicht im Zimmer sitzen wollte, sondern mit ihnen zum Pregel hinunterging. Dort redete sie allerdings wenig, fütterte lieber die Schwäne. Wenn die Tiere fett wurden, freute sie sich.

Die beiden ältesten Kinder nahm sie in Kants Vorlesungen mit. Wo sie nicht zuhörte, sondern nur ständig den Kopf hin- und herdrehte, den Tuchhändlern, Schiffsbesitzern und Stadtdamen ungeniert ins Gesicht starrte. Manchmal lachte sie laut auf, als habe sie dort gerade etwas Lächerliches entdeckt – oder war es einer von Kants gedrechselten Sätzen, den sie mit halbem Ohr mitbekommen hatte? Lachte dann mitten hinein in die Andacht, in der Kants Sätze zum Altar getragen wurden.

Sie brachte den Philosophen aus dem Konzept.

Wie sie sich gegenüber Urgroßmutter Klara richtig verhalten sollte, wusste sie nicht, glaube ich. Mit Luise Ballath, der Schwester des Obereinnehmers Ballath, schloss sie sofort Freundschaft.

Die Ballaths kamen ja aus dem Polnischen, hatten von da nicht nur Brühwürste, sondern viel katholischen Glauben mitgebracht. Der war damals in der Stadt nicht sehr verbreitet, Katholiken wurden schnell als Aufmüpfige angeschaut.

In den ersten Morgenstunden ging sie mit Luise zur heiligen Messe in die Probsteikirche von Sackheim. Sie liebte den Geruch von Weihrauch, Sünde und feuchten Wollmänteln auf ehrlichen Schultern. Die Gläubigen murmelten lateinische Fürbitten, die sie nicht verstanden. Der Priester verstand die zwar, wandte ihnen aber den Rücken zu. Über die Altäre zogen drei Könige, vorbei an Maria Magdalena, die stand halbnackt am Pranger. Das alles dampfte vor Reue, in Capustigall hatte es das nicht gegeben.

Nach der Messe gingen die beiden in der Stadt spazieren. Einmal kaufte sie Konfekt für die Fritzin, gab es dann aber doch den Kindern.

Öfter schaute Johanne beim Täschner Gimmler in der Hundsrieser Gasse vorbei, ließ sich Gürtel umlegen und Handtaschen zeigen, die Rechnung ging an Urgroßvater. So steht es jedenfalls in Urgroßmutters Haushaltsheft, ohne Ausrufezeichen, einfach so.

Hatte sie keine Lust, mit den Kindern Schwäne zu mästen, saß sie in der Werkstatt und sah Urgroßvater beim Perückenausbessern zu. Bestellungen für neue Perücken kamen kaum noch.

Abends ließ sie sich von Louis Gimmler auf Redouten führen. Von Louis Gimmler? Ich habe das zuerst nicht glauben können, aber in Urgroßmutters Haushaltsheft gibt es Eintragungen, die man so verstehen muss.

Beim Tanzen vergaß sie sich und alles, bis sie merkte, dass die Männer eng um sie herumstanden und in die schwitzigen Hände klatschten. Die ersten Male ging sie dann schnell heim in die Bulatengasse. Sie hatte sich angewöhnt zu denken, sie ginge wirklich heim.

Nach ein paar Mal nahm sie, erhitzt wie sie vom Tanzen war, Louis Gimmler bei der Hand und zog ihn von der Redoute weg, wollte in die Kneipe, die Konsul Green neben der Anlegestelle für die Fluss-Schiffer hatte hinstellen lassen. Noch immer bauten die Arbeiter morgens die Puppenstubenwerft für die Interessenten des Konsuls auf und zerlegten sie abends wieder, dann gingen sie in die Kneipe.

Dort trafen sie auf die Matrosen, die darauf warteten, dass sie ein Schiff zum Besteigen bekämen, Rum tranken und mit den Abenteuern renommierten, die sie in finsteren Ländern bestanden hatten.

Johanne hörte ihnen zu, als glaube sie jedes Wort. Die Matrosen wollten ihr Rum einflößen, sie lachte und schüttelte den Kopf.

Eines Abends machten die Männer Louis Gimmler derart betrunken, dass er sich unter einem aufgebockten Boot in seinem Erbrochenen schlafen legte. Danach war er einige Zeit krank.

Jetzt ging Johanne ohne Gimmler in die Kneipe neben der Anlegestelle, von den Matrosenmärchen konnte sie nicht genug bekommen. Die handelten von Ländern, die sie nicht kannte. Sie hätten vielleicht ihre Heimat werden können.

Wie bist du dir vorgekommen, Urgroßvater, wenn Johanne an den Nachmittagen danach blass in der Werkstatt saß und zusah, wie du das Haar der indischen Frauen und der Gehängten betastest? Sie erzählt dir an diesen Nachmittagen viel weniger von sich als früher in der Capustigaller Küche. Du schaust hoch von der Perücke in ihr Gesicht, als würdest du dann verstehen, was sie sucht.

Johanne beobachtete Urgroßvater, wenn er die Strähnen zwischen Daumen und Zeigefinger zusammennahm und sie auf Sudanstramin nähte, sie sollten ja weich und nach der Natur fallen, nur an den Grenzen der Stirn und des Nackens wurden sie strenger gerafft.

Sie fragte nicht, griff sich einfach ein Stück Stramin, nähte Strähnen drauf, hatte sofort verstanden, wie es geht. Ihre Haarteile wurden voller und prächtiger, aber wenn nur noch ein einziger Handgriff zu tun war, ein letzter, dann schnaubte sie zornig, riss erst eine Strähne aus, die dort möglicherweise nicht hingehörte, dann noch eine und noch eine, packte das Haar schließlich büschelweise, riss und zerrte, war sehr aufgeregt.

Urgroßvater nahm ihre Hände in seine, schaute auf den Boden und hielt sie fest. Seine Fingerbeeren brannten, die überempfindliche Nase quälte ihn: Vanille.

22

Und dann kommt es zu dem.

Johanne hat eine Allonge beinah fertig, eine halbe Monatslieferung von indischem Frauenhaar ist dafür draufgegangen. Im letzten Augenblick zerreißt sie ihre Arbeit, gerät außer sich. Diesmal kann Urgroßvater ihre Hände nicht festhalten. Johanne rennt aus der Werkstatt. Muss direkt zu den Afrikafahrern in die Kneipe gerannt sein. Vielleicht haben die ja auf sie gewartet.

Spät nachts kommt sie zurück in die Bulatengasse.

In dem schweigenden Haus hört man ihre Schritte, die Treppe hoch und zu ihrem Zimmer. Es liegt am Ende des Korridors, neben den zwei Kinderzimmern.

Kurz darauf wieder Schritte, andere jetzt.

Urgroßvater konnte kaum noch schlafen in letzter Zeit. Am liebsten wäre er nie mehr aufgestanden von den Mauersteinen am Pregel. Wollte zusammenwachsen mit ihnen, einer an den anderen hingedrückt von der Borke der Weiden. Verkroch sich in die Stelle, wo das blaue und das weiße Wasser zusammenkommen, so, als wollte er in beiden zugleich sein.

Und dann die Schlaflosigkeit.

Und dann der Korridor.

Hält man den Atem an, hört man seine Schritte auf dem Holzboden. Unsichere Schritte, es ist dunkel. Aber doch Schritte.

Du wirst sie auch gehört haben, Klara.

Mehr lässt sich nicht zusammenreimen.

Nur die Schritte.

Und der unsichere Gang.

Und das Schweigen.

Weiters wäre zu berichten, dass Urgroßvater nach dieser Nacht zu den Keyserlingks hinaus ist. Eine Bestellung steht gar nicht in den Büchern, das ist auffällig. Erst letzte Woche war er auf Capustigall.

Am Kammerdiener vorbei drängt er zum Schlafzimmer des Grafen Gebhard, schwingt die Brennschere wie einen Säbel. Im Vorzimmer mit den großen Spiegeln und Kleiderhaken fällt ihm die Friseurtasche herunter, die Tiegel mit Zimtsalbe, Wintergrün und Hamamelis scheppern über das Parkett. Urgroßvater öffnet die Schlafzimmertür, der Flakon mit dem Zitronenöl zerbricht, und der Schildpattkamm rutscht auf dem Öl in Richtung der gräflichen Bettstatt.

Bevor der Graf noch fragen kann, was denn nun schon wieder mit seiner Perücke, und überhaupt um diese Tageszeit, bei aller Liebe zur Allonge, ob man sich denn nicht ordentlich anmelden könne, hört man Weinen und Geschrei von der Eingangstür her. Es kommt näher, der Kammerdiener des Grafen und Urgroßvaters Ältester zerren aneinander, der Sohn muss zum Vater, dem Perückenmacher, es ist verdammt wichtiger als irgendein gräfliches Gelocke.

Außer Atem ist er, aber nicht vom Gerangel mit dem Kammerdiener.

Die Mutter schickt mich. Du bist gerade aus dem Haus gewesen, also da, in dem Moment also ist es ausgebrochen. Ganz verstört ist der Junge, sechzehn Jahre, ein bisschen mehr Gelassenheit wäre zu erwarten, er wird das Geschäft des Vaters übernehmen.

Ausgebrochen, na, ganz so schlimm wird es doch nicht sein, mein Junge, sagt der Graf, wer ist denn ausgebrochen? Seine Leutseligkeit verlässt ihn nie.

Der Junge schaut den Grafen nicht an. Es brennt, Vater, es brennt. Die Werkstatt brennt. Die Köpfe, das Haar, das Stramin, alles. Alles geht kaputt, ist schon kaputt.

Der Graf lässt sich in den Morgenrock helfen.

Du sollst sofort heimkommen, Vater, auf der Stelle sollst du kommen, sagt Mutter. Herrgott, Vater. Wenn doch unser ganzes Haus abbrennt, du musst doch dabei sein.

Wie einen Kranken führt der Sohn den Vater zur Kutsche, der Kammerdiener hilft, ihn in die Kutsche zu packen. Das Rütteln auf der Rückfahrt von Capustigall in die Bulatengasse merkt Urgroßvater nicht.

Klara, Johanne und die Nachbarn hatten das Feuer schon gelöscht.

Ein paar Glutnester noch, die vernagelte Tür zum Frisierkabuff und die Zwischenwände waren verbrannt, die Perückenwerkstatt und der geheime Platz, wo man sich eine *façon* hatte schneiden lassen können – eine einzige schwarze Höhle. Nach Tier roch es, das liederlich gehäutet in der Glut vergessen wurde. Die Leinensäcke mit dem Haar der Pestkranken und Gehängten: verbrannt. Das Haar der indischen Frauen, die Büschel, die Johanne gestern ausgerissen und auf dem Boden verstreut hatte: nichts übrig, nur der Tiergeruch. Auf den zerborstenen Holzköpfen, auf denen er die Perücken modellierte, glommen Lockenreste. Von den hitzeverkrümmten Regalen schauten Kohlegesichter herunter. Uralte Schädel von Afrikanern, die leeren Augenhöhlen voll Ruß.

Sonst?

Ja, was denn sonst? Nichts sonst.

Es war doch nichts geblieben.

Ob das ein Zeichen ist oder eine Strafe, wird Urgroßvater überlegt haben. Oder ob das hier der eigentliche Vorfall war. Oder machte die Capustigaller Abendtafel und das Verhör und das Krocket und seine abgebrannte Perückenwerkstatt, machte das alles zusammen erst den Vorfall aus?

Ich weiß es nicht, Urgroßvater wird es selbst nicht gewusst haben. Nicht in diesem Augenblick.

Johanne half Urgroßvater beim, ja, wobei half sie ihm? Beim Aufräumen, wo es nichts mehr zum Aufräumen gab? Beim Durchsieben der warmen Asche mit bloßen Händen? Jedenfalls legte sie die paar Haarreste in eine Porzellanschale. Wofür taugen die noch? Was will sie damit?

Hoffentlich, sagt sie, war seine Perücke dabei, hoffentlich!

Welche Perücke? Was meinst du?

Na, Kants Perücke, von welcher werde ich reden. Dieses Ding aus kratziger Schafwolle. Er hat sie doch zum Ausbessern hiergelassen.

Urgroßvater schaut ratlos herum.

Warum bricht bei mir ein Feuer aus? Wer hat etwas gegen mich oder die Perücken?

Ja, mein Gott, wie bricht ein Feuer schon aus. Geht das nicht einfach so? Zündende Ideen unter der Schädeldecke, Befreiung der Gedanken, Befreiung auch von diesen lästigen Perücken, davon war doch immer die Rede. Und jetzt ist das Schädelstroh lang genug getrocknet. Oder habe ich das alles falsch verstanden? Sag, ob ich es falsch verstanden habe, sag es. Sag, ob alles so gemeint war, wie es gesagt worden ist, nur nicht für alle, nur nicht für mich?

Lange stehen die beiden in den verbrannten Trümmern. Kann sein, sie erkennen sich in diesem Augenblick zum ersten Mal. Danach werden sie sich trennen.

23

Und so endete es tatsächlich mit Urgroßvater? Ich weiß nicht, es ist schwer vorstellbar, finde ich.

Eher wird Urgroßvater doch wieder etwas Neues angefangen haben. Angefangen muss immer werden, er konnte nicht die ganze Zeit zwischen den Flussarmen sitzen und auf den Morgen warten und hoffen, dass die Nacht bei ihm bleibt.

Die verbrannte Schafwollperücke hat sein Freund Kant ihm verziehen, Urgroßvater wird ihm eine neue gemacht haben.

Überhaupt hatte Kant seit dem Brand der Werkstatt, oder vielleicht seit dem Vorfall beim Krocket, etwas Abgeklärtes. Man konnte jetzt von ihm hören, dass es sich leicht dahinsagt: Was ist, vom Standpunkt der Weltgeschichte aus gesehen, schon eine verkohlte Perücke? Untersucht man allerdings die Weltgeschichte mit einem zuverlässigen Vergrößerungsglas, erkennt man, dass sie gerade daraus besteht – aus verkohlten Perücken und uralten Afrikanerschädeln. Eine einzige Schädelstätte, wenn er darüber nachdenkt.

Im Übrigen wurde Kant weit über die Grenzen Ostpreußens hinaus berühmt dafür, dass er uns eine Metaphysik gegeben hat, die ausreichend würdig und dunkel, aber eben auch grifffest war und sich gut handhaben ließ. Die und den Radiergummi.

Die Fritzin, das wissen Sie ja schon, heiratete den Obereinnehmer Ballath. Sehr glücklich ist sie nicht geworden, vielleicht hing sie doch mehr an Kant, als sie sich hat eingestehen wollen.

Der Student Gimmler blieb bei der façon, fügte lediglich seinem Gesicht einen Knebelbart dazu, der die blauen Kerben in der Unterlippe verbarg. Er benutzte wieder seinen Taufnamen Ludwig und soll ein passabler Täschner geworden sein, wovon man in seinen Vorlesungsmitschriften gar nichts spürt, er ist dann auch nicht mehr sehr oft zur Vorlesung. Eine Zeitlang hatte er Erfolg mit Damentaschen, die wie eine Männer-Kniebundhose gearbeitet waren.

Was ich nie verstanden habe: Klara hat dem Täschnersohn eine ihrer Töchter als Frau überlassen. Das Ganze ist verworren, Urgroßvater hat es nicht verhindern können. Mit dieser Gimmler-Lenné-Linie sind wir angeblich auch gar nicht verwandt, höchstens sehr entfernt.

Alle hinterlassen Abdrücke.

Nur Johanne nicht. Wenn der Fluss höher steigt, verschwindet ihre Spur in den Wassern, die hinter dem Horizontstrich vom Rand der Erdkugel hinunterfallen.

Die Werftleute und die Matrosen an der Anlegestelle haben auch nichts mehr gehört von ihr, sie wissen nichts. Nur, dass sie den Rum nie getrunken hat, den sie ihr aufdrängten. Sagen tun sie, unter einem fauligen Wind ist Johanne nach Westindien gesegelt, mit irgendeinem, und den Rest können sie sich denken. So ist das bei den Matrosen, sie können es sich immer denken. Einen Haitianer wird sie zum Mann genommen haben, eine wie sie bleibt doch nicht allein, und ein unruhiges Leben wird sie führen. Außer einem unruhigen Leben bekommst du in Westindien nichts, sagen sie.

Ich will sie in Erinnerung behalten.

Sie soll bleiben als ein Mädchen. Ein Mädchen, das nichts hatte, um sich festzuhalten. Nichts, außer sich selber.

NACHBEMERKUNG

Soll man Kant gar nicht wörtlich verstehen?
oder: »*Habe Muth, dich deines eigenen Verstandes zu bedienen! ist also der Wahlspruch der Aufklärung.*«[1]

Ich bin kein Philosoph und ich bin nicht stolz darauf.

Sie werden vielleicht fragen, was ich unter diesen Umständen bei Immanuel Kant verloren habe.

Nichts, das dort nicht hingehört. Jedenfalls sehe ich das so. Die Philosophie muss am Ende doch einen praktischen Nutzen haben, sonst ist sie keine.

Praktischer Nutzen entsteht dort, wo eine Einsicht nicht nur denjenigen zufriedenstellt, der sie hat, sondern wo sie mehreren Menschen, wenn möglich: sehr vielen, nützt. Dazu muss man sie zuallererst einmal verstehen können, auch dann, wenn man kein berufsmäßiger Philosoph ist.

Damit will ich mich nicht als biederer Handarbeiter hinstellen, der nichts liest außer dem Garantieschein für seinen Schlagbohrer vom Baumarkt. Nachvollziehen kann ich schon, wie schwierig es ist, sich verständlich zu machen.

Ich stelle mir vor, Kant hätte durchaus gewollt, dass viele ihn verstehen. Eine Anstrengung wird er dabei eingerechnet und uns zugemutet haben. Dennoch: Warum sollte es unzulässig sein, zunächst einmal wörtlich zu nehmen, was man liest?

Kant schreibt:

»*Die Menschheit ist in ihrer größten Vollkommenheit in der Rasse der Weißen. Die gelben Indianer haben schon ein geringeres Talent. Die Neger sind weit tiefer, und am tiefsten steht ein Teil der amerikanischen Völkerschaften.*«[2]

Welchen Grund gibt es, zu vermuten, der Worteabwäger habe damit, verklausuliert, etwas Edleres gemeint als genau die Gemeinheiten, die er dort hingeschrieben hat?

Und wie vermeidet man es, in folgenden Äußerungen einen Widerspruch zum kategorischen Imperativ zu entdecken: *»Die Mandique sind unter allen Negern bis zum Gambiastrom die allerbeliebtesten, weil sie die arbeitsamsten sind. Sie sind die besten Sklaven, weil sie in der größten Hitze Arbeit vertragen, die kein Mensch aushalten kann. Von dieser Negernation müssen jährlich 20.000 gekauft werden, um den Abgang derselben in America zu ersetzen, wo sie zur Bearbeitung der Gewürzbäume und überhaupt des ganzen Etablissements gebraucht werden. Man kriegt die Neger, indem sie sich einander greifen müssen und man muß sich ihrer mit Macht bemächtigen.«*[3]

Kann Kant das, um Gottes Willen, so gemeint haben, wie es da steht?

Hat jemand einen gescheiten Vorschlag? Denn: Wie sonst soll er es gemeint haben?[4]

Und wiederum: Gehört nicht gerade zu den großen Verdiensten des »alles zermalmenden Kant« (Moses Mendelssohn), dass seine Lehre uns die Instrumente an die Hand gegeben hat, auch seine eigenen, wiederholten Äußerungen über die Primitivität nicht-weißer Menschen, ihr Zum-Sklaven-Geboren-Sein, zu verwerfen?

Was Kant über Rasse (bei ihm heißt es »race«) und die, ja: Unverzichtbarkeit der Sklaverei, schreibt, ist eigentlich leicht zu verstehen. Schwer zu verstehen ist, wie ausgerechnet er, der Denker des kategorischen Imperativs, so ein Zeug schreiben konnte. Vielleicht ist es gar nicht zu verstehen.

Bis heute wird gestritten, wie man die beiden Bruchhälften zu einem ganzen Kant zusammenkleben kann.

Marianna Lieder beschreibt den Streit so: *»Die eigentliche Frage in der philosophischen Kontroverse allerdings ist, wie man nun das*

Werk eines Autors lesen soll, der einerseits eine universalistische Ethik der Freiheit und Gleichheit, andererseits aber eine hierarchische Rassentheorie formuliert hat.

Grob lassen sich zwei Positionen unterscheiden. Auf der einen Seite steht ein kantfreundlicher Mainstream, der möglichst wenig an der bisherigen Kantlektüre ändern möchte. Dann gelten die Rassentheorien als ein etwas peinlicher, aber marginaler Teil von Kants Werk, der vor allem auf sich aus dem historischen Kontext ergebenden empirischen Irrtümern beruhe, die für die Philosophie und ihre Interpretation folgenlos seien. Auf der anderen Seite stehen rassismuskritische Positionen, die beide Teile von Kants Werk als Gesamtheit lesen. Die Moralphilosophie lege dar, wie sich vernunftfähige Subjekte zueinander verhalten sollen, die Rassentheorie erläutere, für wen diese Philosophie gelte: für Weiße, aber nicht für alle anderen. Die Selbstzweckformel des kategorischen Imperativ lautete dann in Wirklichkeit nicht: ›Handle so, dass du die Menschheit sowohl in deiner Person, als in der Person eines jeden anderen jederzeit zugleich als Zweck, niemals bloß als Mittel brauchst‹, sondern: ›Handle so, dass du die weiße Race sowohl in deiner Person, als in der Person eines jeden anderen Weißen jederzeit zugleich als Zweck, niemals bloß als Mittel brauchst. Mitglieder der anderen Racen kannst du als bloße Objekte behandeln.‹

Diese Interpretation vertritt der jamaikanische Philosoph Charles W. Mills in seinem Text ›Kants Untermenschen‹. Für beide Seiten lassen sich gute Gründe anführen: Die einen können darauf verweisen, dass Kant seine Moralphilosophie explizit für die ganze Menschheit formuliert und in seinen anthropologischen Texten betont, dass alle vier ›Racen‹ zur selben Menschheit gehörten. Die anderen können Textstellen anführen, in denen Kant Sklaverei rechtfertigt und meint, Europa werde eines Tages zur Gesetzgeberin der ganzen Welt.«[5]

Wir lesen Kant so, wie wir ihn uns heute, aus sehr unterschiedlichen Gründen, zurechtlegen. Und nehmen ihn dabei sicherheitshalber nicht immer unbedingt wörtlich. Warum eigentlich nicht?

Eine Erzählung ist eine Erzählung, sie ist keine Geschichtsschreibung, und die vorliegende hat nicht den Ehrgeiz, eine »historische Erzählung« zu sein. Trotzdem kann ich mir vorstellen, dass es Leserinnen und Leser gibt, die sich fragen, ob Kant tatsächlich so geschrieben, oder eben: geredet hat, wie meine Erzählung es nahelegt. Für diejenigen, die vermuten, ich hätte ihm Sätze in den Mund geschoben, die er so nie im Leben geschrieben habe, die argwöhnen, die Zitate Kants, die ich hier paraphrasiere, seien aus dem Zusammenhang gerissen, und so, wie ich sie wiedergebe, geschähe ihm unrecht, ist weiter unten eine längere zusammenhängende Passage aus der »Physischen Geographie« abgedruckt.

Machen Sie sich selbst ein Bild.

Natürlich bin ich nicht der erste und bestimmt auch nicht der letzte, der Kant auf diese hemdsärmelige Art liest.

Ebenso wenig neu sind Mahnungen, man dürfe es sich mit Kant bloß nicht zu leicht machen.

Gesagt wird, man dürfe Kant nicht für einen Rassisten nehmen, der Begriff der »race« sei erstens kompliziert, und zweitens müsse man seine Verwendung aus der Zeit heraus verstehen, deren Kind eben auch Kant gewesen sei.

Nun hat jede Zeit geratene und ungeratene Kinder, manche passen gut in die Familie, andere weigern sich dazuzugehören. Dass man es zu Kants Zeit in Sachen »race« aus mangelnder empirischer Weltkenntnis einfach nicht besser gewusst haben kann, ist eine im Nachhinein konstruierte Rechtfertigung. Es gab schon damals durchaus Argumente gegen Kants Welttatsachen und die daraus gepresste Theorie, und sie wurden auch vorgebracht, von anderen Kindern ihrer Zeit.

Aber das aufstrebende Bürgertum, das sich gern in den geschichtsschweren Mantel der Zeit wickelt, brauchte eine möglichst gestochene Begründung seiner Geschäftstätigkeit. Die Aufklärung lieferte sie. Die Geschäfte des Tuchfabrikanten in Manchester, des französischen Plantagenbesitzers auf Haiti oder des Garnhändlers in Schlesien erforderten, und das war ja auch richtig, die Freiheit dieser Tüchtigen und ihre Gleichheit mit jedem adeligen Nichtstuer.

Was diese Geschäfte aber gerade nicht erforderten, waren Freiheit und Gleichheit der Schauerleute und Textilarbeiter von Manchester, der haitianischen Zuckerrohrsklaven oder der schlesischen Weber mit ihren jeweiligen »Arbeitgebern«. Der Universalismus der Aufklärung war von vornherein ein halb roher. Je nach Geschäftsgang waren die Schwarzen und überhaupt alle Nicht-Weißen ausgeschlossen, ein anderes Mal, gerne auch zugleich, waren es die Kinder oder die Frauen (wegen ihrer vorgeblichen Kindlichkeit), oder die Arbeiter oder diejenigen, die nicht der eigenen Nation angehörten. Dabei war der Begriff der Rasse keinesfalls nur für diejenigen reserviert, die eine andere Hautfarbe besaßen:

»Der englische Arme oder das Kind wird sich tunlichst stets daran erinnern, an welchen Platz Gott ihn gestellt hat, ebenso wie der Neger gut daran tut immer daran zu denken, welche Haut Gott ihm gab. In beiden Fällen handelt es sich um dasselbe Verhältnis des stets Niedrigeren zum stets Höheren, um das Verhältnis zwischen Herr und Knecht, und keine noch so große Freundlichkeit oder Güte hebt dieses eherne Verhältnis auf.«[6]

Mit solchen, an das nicht-philosophische Publikum gerichteten, Worten beschreibt *Saturday Review* 1864, was eine »race« ist, für welche »race« die Aufklärung gilt und für welche nicht. Man liest von der »Rasse der Arbeiter«, der »Rasse der Armen«, der Nicht-Besitzenden, der Landstreicher.[7]

Und alles das soll zwingend aus einer wissenschaftlichen Analyse der Natur folgen, wie Kant sie etwa in der »Physischen Geographie« gibt.

Demnach ist der Mensch keine samstägliche Lehmarbeit des lieben Gottes, er hat sich entwickelt, so wie alles in der Natur sich entwickelt. Mit dem Erscheinen von Tuchfabrikanten und Plantagenbesitzern ist die Entwicklung dann allerdings abgeschlossen. Es gibt nun eine hierarchische Ordnungsleiter der Menschheit. Ihre Stufen sind fest zugeteilt nach Hautfarbe, Geschlecht, Steuerklasse und Anzahl abhängig Beschäftigter, sowie einigen weiteren ewigen Regeln, die für die Biologie genauso gelten wie für das Staatswesen. Dabei wird die Hautfarbe gern als ein charakteristisches Merkmal herangezogen, weil man sich so schwer von ihr emanzipiert – die Steuerklasse könnte man vielleicht noch wechseln, die Hautfarbe nicht.

Insofern wird es schon stimmen, dass der Begriff der Rasse komplex und schillernd ist, er musste ja den jeweils sich ändernden Geschäftsbedürfnissen der gegeneinander konkurrierenden Fabrikherren angepasst und für diese neu hergerichtet werden.

Gesagt wird auch, dass insbesondere die »Physische Geographie« in der Kant darlegt, warum sich Rassen mit unverbesserlichen charakterlichen und intellektuellen Eigenschaften entwickelt haben, die wiederum ganz einfach an der Hautfarbe abzulesen seien, dass also dieser Text nur eine Vorlesungsmitschrift sei, die erst nach seinem Tod publiziert wurde, er selbst habe das in seinen Vorlesungen gar nicht gelehrt.

Das mag so sein.

Nur dass sich Ähnliches auch in Texten findet, bei denen die Urheberschaft Kants feststeht, etwa in den »Beobachtungen über das

Gefühl des Schönen und Erhabenen«, in denen er feststellt: »*Die Negers von Afrika haben von der Natur kein Gefühl, welches über das Läppische stiege.*«[8]

Wo man es keinem Studenten zuschustern kann, der bei der Vorlesungsmitschrift schlecht aufgemerkt hat, wird Kant in zwei Hälften geteilt – das eine ist die »vorkritische« Kant-Hälfte, sie reicht bis in die 1760er Jahre, das andere ist seine bessere, die kritische Hälfte nach der »Kopernikanischen Wende«, die er mit der »Critik der reinen Vernunft«, zuerst erschienen 1781, vollzogen habe.

Seine Einsichten hat Kant nie in Marmor geschlagen. Zu seinen großen Leistungen gehört, dass er nicht aufgehört hat dazuzulernen, sich korrigiert und begründet hat, warum er sich korrigierte.

Und es wird schon so sein, dass Kant in den »kritischen« Jahren anders gedacht hat als davor. Aber hat er dabei auch die, damals durchaus gängige, Überheblichkeit des weißen Europäers, die Grausamkeit des Kolonialisten oder Möchtegern-Kolonialisten, die Ungerührtheit des Sklavenhalters gegenüber nicht-weißen Menschen revidiert?

Viele kluge Nachleser der Schriften aus Kants später kritischer Zeit möchten ihn gerne so verstehen. Sie gehen davon aus, dass er, etwa in der Schrift »Zum ewigen Frieden« einen ungetrübten universalistischen Standpunkt eingenommen hätte, alles, was Anlass zu rassistischen Missverständnissen geben könnte, sei damit nun endgültig abgetan.[9]

Aber auch hier geht es dem Wörtlichnehmer so wie stets, wenn er versucht, Kant ohne Vorurteil zu lesen.

Im »Ewigen Frieden« lese ich jedenfalls nicht nur die Begründung des allgemeinen Völkerrechts, sondern glaube auch die Gelenkigkeit zu erkennen, mit der Kant erst die Perspektive des Buchhalters der Zuckerrohrplantage und gleich darauf, im selben Satz, die

Perspektive des »moralischen Richters« einnimmt. Ich lese wörtlich, das Ärgste an der Sklaverei sei, dass die Versklavten im Zuckerrohr keinen »wahren Ertrag« abwerfen, dass sich die Sklaverei also im Grunde nicht lohnt, buchhalterisch gesehen:

*»China und Japan (Nipon), die den Versuch mit solchen Gästen gemacht hatten, haben daher weislich, jenes zwar den Zugang, aber nicht den Eingang, dieses auch den ersteren nur einem einzigen europäischen Volk, den Holländern, erlaubt, die sie aber doch dabei wie Gefangene von der Gemeinschaft mit den Eingebornen ausschließen. Das Ärgste hiebei (oder, aus dem Standpunkte eines moralischen Richters betrachtet, das Beste) ist, daß sie dieser Gewaltthätigkeit nicht einmal froh werden, da alle diese Handlungsgesellschaften auf dem Punkte des nahen Umsturzes stehen, **daß die Zuckerinseln**, dieser Sitz der allergrausamsten und ausgedachtesten Sklaverei, **keinen wahren Ertrag abwerfen**, sondern nur mittelbar und zwar zu einer nicht sehr löblichen Absicht, nämlich zu Bildung der Matrosen für Kriegsflotten und also wieder zu Führung der Kriege in Europa, dienen, und dieses Mächten, die von der Frömmigkeit viel Werks machen und, indem sie Unrecht wie Wasser trinken, sich in der Rechtgläubigkeit für Auserwählte gehalten wissen wollen.«*[10]

Kann Kant es genau so gemeint haben, wie es da im »Ewigen Frieden« steht?

Und noch einmal – wie soll er es denn sonst gemeint haben?

Es geht nicht darum, den toten Immanuel Kant anzuklagen. Sondern: dass wir Heutigen darüber nachdenken, worauf wir uns berufen, wenn wir ganz unbefangen und selbstverständlich davon reden, unsere demokratische Werteordnung gründe auf der Kantschen Aufklärung. Gehört zu dieser Aufklärung die Arroganz des weißen Europäers? Rechtfertigt sie die Verachtung, Herabwürdigung und Unterdrückung all derjenigen, die zufällig von anderer Hautfarbe sind? Steht der Rassismus im Widerspruch zur Aufklärung oder gehört er untrennbar dazu?

Ich kann es nicht beantworten. Aber diese Frage sollte beantwortet werden.

IMMANUEL KANT: VORLESUNG ÜBER PHYSISCHE GEOGRAPHIE (HOLSTEIN-MANUSKRIPT)

*Der Physischen Geographie zweyter Abschnitt enthält die beson-
dern Beobachtungen dessen, was der Erdboden in sich fasset.*[11]

Erstes Hauptstück: Vom Menschen.

*Der Unterschied der Bildung und Farbe der Menschen in den ver-
schiedenen Erdstrichen.*

*Wenn wir von den Einwohnern der Eiszone anfangen so finden wir,
daß ihre Farbe derjenigen, die in der heissen Zone wohnen, nahekömt.
Die Samojeden, die dänischen und schwedischen Lappen, die Grön-
länder und die in der Eißzone von America wohnen, haben eine braune Gesichtsfarbe und schwarzes Haar. Eine große Kälte scheinet hier
eben dasselbe zu wirken, was eine große Hitze thut. Sie haben auch,
wie die im heissen Striche einen sehr dünnen Bart; ihr Körper ist dem
Wachsthume der Bäume ähnlich. Er ist klein, ihre Beine sind kurz; sie
haben ein breites und plattes Gesicht und einen großen Mund. Die
in der temperirten Zone ihnen am nähesten wohnen, die Kalmucken,
die Siberiacken, die im nördlichen Theil Schwedens, an der Endsees
Bay haben gelbe Haare, blonde Gesichtsfarbe und sind größer von Statur. In der Parallele, die durch Deutschland gezogen, um den ganzen
Erdkreis läuft und eine Grade disseits und jenseits sind die größten
und schönsten Leute. Im nördlichen Theil des Mogulischen Reichs, in
Cochmir[,] Georgien, Mengrelien, Circassien bis an die americani-
schen Englischen Colonien sind die schönsten Leute, blonde und wohl-
gebildet, blaue Augen, sie herrschen in denjenigen Gegenden, die mit
dieser Parallele gegen Norden liegen. Je weiter nach Süden, desto mehr
nimt die brunette Farbe, die Magerkeit und kleine Statur zu, bis sie
im heissen Erdstriche in die mohrische Gestalt ausartet, obgleich nicht
in allen Gegenden derselben gleich stark. Man kann sagen daß es nur*

in Africa einige so genannte Negers giebt. Nicht allein die gleichsam geräucherte schwarze Farbe, sondern auch die schwarzen, wollichten Haare, das breite Gesicht, die platte Nase, die aufgeworfene Lippen machen das Merkmahl derselben aus imgleichen plumpe und grobe Knochen. In Asien haben diese Schwarze weder die hohe Schwärze noch völliges Haar, es sey dann, daß sie von solchen abstammen die aus Africa herrüber gebracht worden. In Amerika ist kein National-mohr; die Gesichtsfarbe ist kupferfarbig, das Haar ist glatt, es sind aber große Geschlechter, die von den africanischen Mohrensclaven ab stammen. In Africa nennet man die Mohren solche braune Mahometans; die von den Mauris abstammen; die eigentlich schwarzen aber sind Negers. Diese erwehnten Mohren erstrecken sich bis zum Senegal, von da bis zur Gamba sind die schwärzesten Negers, aber auch die schönsten von der Welt vornehmlich die Ialoner, diese sind schwarzbraun. An der Goldküste sind sehr schwarze und haben sehr dicke Wurstlippen. Die von Congo und Angola imgleichen die Hottentotten sind nur schwarzbraun, doch haben sie auch eine Mohrische Gestalt. Auf der andern Seite, nehmlich der östlichen von Africa sind die Caffern viel schwarzer als die Hottentotten. In Abyssinien sind keine eigentliche Mohren. Die Negers von Sierra Leone stinken abscheulich.

Einige Merkwürdigkeiten von der schwarzen Farbe der Menschen.

1 die Negers werden weiß gebohren; außer ihre Zeugungsglieder und ein Ring um den Nabel sind schwarz. Von da ziehet sich die Schwärze im ersten Monate über den ganzen Körper.

2 Wenn ein Neger sich verbrennt so wird die Stelle weiß; die lange Krankheiten machen die Negers ziemlich weiß aber ein solcher durch Krankheit weiß gewordener Körper wird nach dem Tode noch viel schwärzer als vorhin

3 Die Europäer, die in der zona torrida wohnen, werden nach vielen Generationen nicht Negers sondern behalten ihre europäische Ge-

stalt. Die Portugiesen am Capo Verde, die in 200 Jahren in Negers verwandelt seyn sollen sind Mulathen.

4 die Negers, wenn sie sich nur nicht mit weissen vermischen bleiben selbst in Virginien durch viele generationes Negers.

5 Weisse und schwarze vermengt zeugen Mulathen, dieser ihre Kinder, die sie mit Weissen zeugen, heissen im spanischen Amerika Terceronen, dieser ihre Kinder mit weissen Quarteronen; deren Kinder mit weissen Quinteronen und dieser mit weißen erzeugte Kinder heissen selbst Weisse. Wenn aber ein Terceron eine Mulathin heyrathet, so giebt dieses Rücksprungskinder

6 In den Cordilleren sehen die Einwohner wie Europäer aus. In Aethiopien selbst unter der Linie sind sie nur braun

7 Es giebt zuweilen weisse Mohren, die von schwarzen Eltern gezeuget worden; sie sind Mohrisch von Gestalt, haben krause, schneeweisse wollichte Haare sind bleich und können nur bey Mondenlicht sehen.

8 die Mohren, imgleichen alle Einwohner der heissen Zone haben eine dicke Haut, wie man sie dann auch nicht mit Ruthen sondern gespaltenen Röhren peitschet, wenn man sie züchtiget, damit das Blut einen Ausgang findet, und nicht mehr unter der dicken Haut eitere.

Meinungen von der Ursache dieser Farbe

Es ist aus der Verschiedenheit der Kost, der Luft und der Entziehung zu erklären, warum einige Hühner ganz weiß werden und wenn man unter den vielen Küchlein, die von denselben Eltern geboren werden, nur die aussucht, die weiß sind und sie zusammenthut, bekomt man endlich eine weiße race, die nicht leicht anders ausschlägt. Arten nicht die Engelländische und auf trockenen Boden erzogene arabische oder spanische Pferde so aus, daß sie endlich Füllen von ganz anderem Gewächse erzeugen? Alle Hunde die aus Europa nach Africa gebracht werden, werden stumm und kahl und zeugen hernach auch solche Jungen; dergleichen Veränderungen gehen mit Schaafen, Rindvieh und andern Thiergattungen vor. Daß Mohren dann und wann ein weisses Kind zeugen geschiehet ebenso, wie bisweilen ein weisser Rabe, weisse Krähe oder Amsel zum Vorschein kömt. Daß die Hitze des Erdstriches und nicht ein besonderer Eltern Stamm hieran Schuld sey, ist daraus zu ersehen, daß in eben demselben Lande, die auf seinem flachen Theile wohnen weit schwärzer sind als die im hohen Theile; da her am Senegal schwärzere Leute als in Guinea und in Congo und Angola schwärzer als in Ober-Aethiopien oder Abyssinien, in den gebürgigten Theil von Peru aber weisse Leute sich befinden.

Der Mensch, seinen übrigen angebohrnen Eigenschaften nach auf dem ganzen Erdkreise erwogen.

Alle orientalische Nationen, welche dem meridiano von Bengala gegen Morgen liegen, haben etwas von der Calmuckischen Bildung an sich. Diese ist, wenn sie in ihrer größten perfection genommen wird, so beschaffen: ein oben breites und unten schmales plattes Gesicht, fast gar keine Nase, die von dem Gesichte hervorraget ganz kleine Augen, überaus dicke Augenbrauen, schwarzes Haar, dünne und zerstreute Haarbüschel anstatt des Bartes und kurze Beine mit dicken Schenkeln. Von dieser Bildung participiren die östlichen Tartarn Chinesen, Tunquinesen Arracaner, Pequaner[,] Siamer, Iapaner pp obgleich sie sich hin und wieder etwas verschönern. Ohne auf die abergläubischen Meinungen von dem Ursprunge gewisser Bildungen zu sehen; so kann man nichts als etwas Gewisses anmerken daß es in der Gegend von Meliapour auf der Küste Coromandel viele Leute mit einem sehr dicken Bein gebe, welches die Dicke eines ganzen Menschen hat; diese leiten vernünftige Reisende von der Beschaffenheit des Wassers her so wie die Kröpfe in Tyrol und Salzburg von dem Wasser, welches Tufsteine bey sich führet, herzuleiten sind. Die vorgegebene geschwänzte Affen in Borneo sind Affen. Die Riesen in Patagonien sind erdichtet. Von der Art mag auch das Volk von rohen und größten Lippen seyn, das am Senegal wohnet und ein Tuch vorm Maul hält und ohne Rede handelt. Plinii einäugigte, höckerigte, einfüssige Menschen, Leute ohne Maul, Zwerge gehören auch dahin. Die Einwohner von der Küste von Neu-Holland haben halb geschlossene Augen können nicht in der Ferne sehen, ohne den Kopf auf den Rücken zu bringen. Dies gewöhnen sie sich wegen der vielen Mücken an, die ihnen immer in die Augen fliegen. Einige Einwohner als die Mohren von Sierra Leona und die Mugalen die unterm Gebiet von China stehen, stinken.

Die Unter-Hottentotten haben wie viele Männer, wie Colbe berichtet, ein natürliches Leder am Os pubis, welches ihre genitalia recht tief bedeckt und welches sie bisweilen abschneiden. Eben dieses meldet Ludolph von ägyptischen Weibern. Die Mohren und andere Wilde zwischen den Tropicis können gemeiniglich erstaunend laufen. Sie sowohl als andere Wilde haben auch mehr Stärke als andere civilisirte Völker welches von der freyen Bewegung, die man ihnen in der Kindheit verstattet, herrühret. Die Hottentotten können mit blossen Augen ein Schiff eben so weit sehen als der Europäer mit dem Fernglase. Die Weiber in dem heissesten Erdstriche zeugen von 9 oder 10 Jahren an schon Kinder und hören vor dem 25sten auf. Don Ullach merkt an daß in Carthagena in America und den umliegenden Gegenden die Leute sehr frühe klug werden, aber sie wachsen nicht ferner am Verstande in demselben Maaße. Alle Bewohner der heissesten Zone sind ausnehmend faul. An einigen wird diese Faulheit noch etwas durch die Regierung und den Zwang gemäßiget. Wenn ein Indianer ein Europäer sieht wohin gehen, so denkt er: er hat was zu bestellen; komt er zurück so denkt er: er habe schon seine Sache verricht sieht er ihn aber zum dritten Mal fortgehen, so denkt er: er ist nicht recht klug; da doch der Europäer zur Lust spatziren gehet, welches kein Indianer statuirt noch sich einbilden kann. Die Indianer sind zaghaft; beydes komt auch den sehr nordischen Nationen zu. Die Entschlaffung ihrer Geister will durch Brandtwein, Tobac, Opium, Bong und andere starke Dinge

erweck seyn. Aus der Furchtsamkeit rührt der Aberglaube vornehm-
lich in Ansehung der Zaubereyen her imgleichen die Eifersucht. Die
Furchtsamkeit macht sie, wenn sie Könige hatten zu sclavischen Un-
terthanen und bringt in ihnen eine abgöttische Verehrung derselben
zuwege und die Faulheit bewegt sie lieber in Wäldern herumzulaufen
und Noth zu leiden als zur Arbeit durch die Befehle ihrer Herren an-
gehalten.

PERSONENVERZEICHNIS

Amo, Anton Wilhelm

Philosophiedozent; * um 1703 in Nkubeam, Goldküste (Westafrika) – † nach 1753 vermutlich im heutigen Ghana.

Amo gilt als erster und über sehr lange Zeit einziger afrodeutscher Akademiker. Er studierte in Halle und in Wittenberg, wo er 1734 auch promoviert wurde. Seine Hallenser Disputation widmete sich der Rechtsstellung Schwarzer Menschen in Europa (*De iure Maurorum in Europa*), die Wittenberger Dissertation dem Leib-Seele-Thema (*De humanae mentis apatheia*). Amo wirkte dort sowie ab 1736 in Halle und im Jahre 1739 in Jena als Dozent der Philosophie. Nach Auskunft des Biographen und Amo-Interpreten Ottmar Ette (*Anton Wilhelm Amo. Philosophieren ohne festen Wohnsitz, Berlin 2. Aufl. 2020*), ist er um die Jahrhundertwende 1700 im heutigen Ghana geboren und als Kind versklavt worden. Über Amsterdam kam er vermutlich als »menschliches Geschenk« der Westindischen Kompanie an den Hof des Herzogs von Braunschweig-Wolfenbüttel, wo er 1707 nach dem Herzog und seinem Sohn auf den Namen Anton Wilhelm getauft wurde. Nach gründlicher Ausbildung ließ der Braunschweiger Hof »seinen« Anton Wilhelm ab 1727 an der Universität Halle an der Philosophischen und an der Juristischen Fakultät studieren, wo er 1729 eine erste Disputation zum Thema »*De iure Maurorum in Europa*« absolvierte. Ab 1730 studierte und lehrte er (als Magister legens) an der Wittenberger Philosophischen Fakultät, wo er 1734 zum Doktor der Philosophie promoviert wurde. Am 21. Juni 1736 wurde Amo an der Philosophischen Fakultät der Universität Halle als Dozent zugelassen. Drei Jahre später (1739) lehrte er ebenfalls in Jena. Über die folgenden Jahre ist wenig bekannt. Rassistische Anfeindungen in einem Spottgedicht warfen gegen 1747 Schatten auf Amos Situation. In dieser Zeit soll er Deutschland Richtung Westafrika verlassen haben. Er lebte mindestens bis 1753 in Axim, später in Shama, wo auch sein Grabstein zu finden ist, der das Sterbejahr 1784 vermerkt.[12]

Blumenbach, Johann Friedrich
Naturforscher, * 11.05.1752 Gotha, † 22.01.1840 Göttingen

»B. kann mit Recht als der Vater der modernen Naturforschung bzw. der Naturgeschichte gelten. Seine Beziehungen zu Kant sind für die moderne Tiersystematik von größter Bedeutung, da er hier in Weiterführung entsprechender Gedankengänge des Königsberger Philosophen die für die Diskussion des zoologischen wie anthropologischen Artbegriffs ersten klaren und brauchbaren Kategorien schuf (Geschlechter = Gattungen des Schulsystems: Genera; Gattungen = Arten des Natursystems: Species; Rassen [varietates?] erblich nicht nur klimatisch, geographisch; Spielarten [varietates oder aberrationes] nicht notwendig erblich, Monstrositäten und Kakerlaken aberrationes; Bastarde: Mischlinge von Gattungen; Blendlinge: Mischlinge von Rassen einer Gattung). Berühmt war seine Sammlung menschlicher Schädel, deren sorgfältige Ordnung und Zusammenstellung ihm das Material für seine Rassen- und Variationsstudien lieferte. Entdeckte er doch hier schon vor Goethe das *Os intermaxillare* (Zwischenkiefer) beim Menschen (1786), ohne aber wie dieser (gegenüber Lorenz Oken) Prioritätsrechte geltend zu machen. Als Empiriker geht B. bei seiner Arbeit als Systematiker vom erforschbaren Ende aus, bei dem, was die Natur schafft, löst sich aber, obwohl er ›immer nur ungern von Linné abgeht‹, doch schon ganz entschieden von den Begriffen der älteren Autoren bzw. der Konstanzlehre, wie die Kapitel ›Über die Veränderlichkeit in der Schöpfung‹ und ›Ausartung des vollkommensten aller Haustiere, – des Menschen‹ bzw. ›Ein Wort zur Beruhigung in einer allgemeinen Familienangelegenheit‹ zeigen.«[13]

Fritz, Luise Rebekka

* 1744 – † 1826

»Anscheinend hat sich auch unser Magister (Kant) von den Reizen eines Königsberger Mädchens von etwas leichterer Art eine Zeitlang bestechen lassen. Wer es war, ist freilich unsicher. Wir haben schon in ›Kants Leben‹ erzählt, dass eine gewisse Luise Rebekka Fritz, die 1826 als Frau Obereinnehmer Ballath hochbetagt in der ostpreußischen Hauptstadt starb, in ihren späteren Jahren ›oft und viel und immer mit stolzem Ruhme‹ davon zu erzählen pflegte, dass ›Kant sie einst geliebt habe‹. Nun ist aber aktenmäßig festgestellt, dass in der Tat eine 1744 geborene Luise Rebekka Fritz am 18. Oktober 1768 einen Herrn Ballath heiratete, der später zusammen mit Hamann am Lizenzamt angestellt war. Und von eben diesem Fräulein Fritz schreibt Hippel November 1768 ziemlich ironisch als von der ›weiland Ehr- und Tugendbelobten Jungfer Fritz, deren Ehr‘ und Tugend schon im russischen Kriege gelitten haben soll‹, und die nun einen Herrn B. geheiratet habe, der allerdings zunächst besser das Waldhorn zu blasen als eine Frau zu ernähren verstehe. Wir wollen gewiß nicht der Ehre der nachher als verheiratete Dame vielleicht sehr solide gewordenen ›Jungfer Fritz‹ nach anderthalb Jahrhunderten zu nahe treten, aber dieser etwas zweifelhafte Ruf der Dame, der freilich für uns nur auf dem *on dit* des sarkastischen Hippel beruht, stimmt doch ganz wohl zu dem, was Kants Schüler und späterer Kollege Kraus von einer ›Königsbergerin‹ berichtet, die Kant ›zu heiraten gewünscht‹ habe. Der Philosoph selbst habe ›darüber einmal das Wort ›fallen lassen, dass bei näherer Ansicht das Gleißende sehr geschwunden sei, d. h. dass er eine seiner würdige weibliche Seele da nicht gefunden habe‹. Vielleicht also stammen Kants spätere häufige, übrigens meist verhältnismäßig milde, Urteile über weibliche Koketterie … aus eigener Erfahrung.«[14]

Green, Joseph, Konsul

* 1727 – † 1786

»Der aus Hull in England stammende Kaufmann Joseph Green war schon in jungen Jahren aus England herübergekommen und baute in Königsberg ein blühendes Handelsgeschäft auf. Er suchte in seiner Heimatstadt einen jungen Mann, der ihm in seinem Geschäft helfen sollte, und fand Robert Motherby (1736–1801), der angeblich schon als 14-Jähriger um 1750 aus Hull nach der Pregelstadt gekommen war.«[15]

Keyserling(k), Caroline Gräfin von

Gastgeberin eines Gelehrtenkreises[16]; * 02.12.1727 Königsberg – † 24.08.1791 Königsberg

»… war eine Künstlerin und Gesellschaftsdame. Mit ihrem Mann unterhielt sie in Königsberg den berühmten Musenhof der Keyserling(k)s. Hochbegabt und aufgeschlossen für alles Schöne, war Caroline für Johann Friedrich Reichardt ›eine prächtige, königliche Frau‹, für Immanuel Kant ›die Zierde ihres Geschlechts‹.«[17]

Soemmerring, Samuel Thomas von

Anatom, Arzt, Naturforscher, Physiker; * 28.01.1755 Thorn/Weichsel – † 02.03.1830 Frankfurt/Main

»Zu seinen Lehrern zählten Georg Christoph Lichtenberg, Johann Friedrich Blumenbach und Christian Gottlob Heyne. 1778 wurde S. mit einer Dissertation über die Gehirnbasis zum Dr. med. promoviert. S. erhielt 1779 durch seinen Freund Georg Forster, den er in London kennengelernt hatte, eine Professur am Kasseler Carolinum. Fünf Jahre lehrte und erforschte er dort die Anatomie, stets vergleichend zwischen Mensch und Tier, aber auch zwischen den menschlichen Rassen. In Kassel schrieb S. die ersten seiner insgesamt über 1300 Rezensionen (vorwiegend für die ›Götting. Ge-

lehrten Anzeigen‹); er unternahm Ballonversuche und sammelte
Fossilien. Zugleich aber trieb er (mit Forster) im Geheimbund der
Gold- und Rosenkreuzer Alchemie. Als beide dies als Irrweg er-
kannten, verließen sie 1784 Kassel fast fluchtartig. Forster ging ins
polnische Wilna, S. übernahm die Anatomie-Professur in Mainz.
Die dortige, bislang streng kath. Universität wurde gerade im Sinne
der Aufklärung reformiert, was auch die Berufung von Protestanten
einschloss. S. Haus wurde Ende der 1780er Jahre zu einem Treffpunkt der dt. Geisteselite. Diese kulturelle Hochblüte endete abrupt
im Herbst 1792, als Mainz von franz. Truppen besetzt wurde und
ein regulärer Hochschulbetrieb unmöglich wurde. S. hielt sich mehr
und mehr in Frankfurt auf, wo er 1795 eine Arztpraxis eröffnete.
S. Mainzer Antrittsrede ›Über die körperliche Verschiedenheit des
Mohren vom Europäer‹ (1784/85) fand neben viel Anerkennung
auch Widerspruch, weil S. die Schwarzafrikaner ›etwas näher ans
Affengeschlecht‹ rückte als die Weißen. Eine Schule hat S. nicht gebildet; sein Leben und Werk stehen zeitlich zwischen aufgeklärter
und romantischer Medizin, waren aber noch wesentlich vom ›Ver-
nunftzeitalter‹ geprägt.«[18]

Woellner, Johann Christoph von

Theologe, 1788 bis 1797 Justizminister unter Friedrich Wilhelm II.;
* 19.05.1732 in Döberitz bei Rathenow – † 10.09.1800 in Groß-Rietz
bei Beesko

»Johann Christoph Woellner (1786 geadelt) wurde 1732 in Döberitz in der Mark Brandenburg als Sohn des dortigen Pfarrers geboren. Er studierte Theologie in Halle und wurde 1753 Hofmeister
bei der Familie von Itzenplitz in Groß-Behnitz (Mark Brandenburg),
zwei Jahre später auch Prediger. Seit 1762 übernahm er die Pacht des
Itzenplitzschen Gutes und beschäftigte sich auch wissenschaftlich in-
tensiv mit der Landwirtschaft. Seine nicht standesgemäße Heirat mit

der einzigen Tochter Amalie des Hauses vier Jahre später wäre durch das Eingreifen König Friedrichs II. beinahe verhindert worden. Seit 1765 gehörte Woellner dem Freimaurerorden an, den er aber nach vierzehn Jahren wieder verlässt, weil ihn auch ein hohes Amt nicht den erhofften Einblick in die vermeintlichen Geheimlehren des Ordens bringt. Stattdessen tritt er den Rosenkreuzern bei, durch die er auch Johann Rudolf von Bischoffswerder kennen lernte. Nach 1781 gehörte auch der Prinz von Preußen und spätere König Friedrich Wilhelm II. dem Orden an. Der ehrgeizige Woellner gewann sein Vertrauen und wurde sein wichtigster Lehrer. In seinen Vorträgen übte er scharfe Kritik am friderizianischen System und machte Besserungsvorschläge, die häufig in die Richtung der zwanzig Jahre später verwirklichten Reformen gingen. So forderte er eine Lockerung der staatlichen Wirtschaftslenkung und eine Befreiung der Bauern von der die Stärke Preußens untergrabenden Doppelbelastung der Bauern durch Militärdienst und Steuern. Am wichtigsten aber wurde die Ablehnung der Aufklärung, die Woellner und der Kronprinz teilten. Sie wollten eine in ihren Augen die Moral untergrabende Religionskritik nicht mehr zulassen. 1788, zwei Jahre nach der Thronbesteigung Friedrich Wilhelms, wurde Woellner zum Minister des Geistlichen- und Unterrichtswesens ernannt. In dieser Funktion setzte er das Woellnersche Religionsedikt durch, das u. a. Kritik an den drei Hauptkonfessionen verbot. Von Zensurmaßnahmen der die Durchsetzung überwachenden Immediatexamenskammer wurde u. a. auch der Philosophische Professor Immanuel Kant in Königsberg betroffen.«[19]

QUELLEN UND BELEGE

Ich weiß nicht, wie viele Leserinnen und Lesern die vielbändige Akademie-Ausgabe der Werke Kants im heimischen Bücherregal stehen haben, in meinem jedenfalls fehlt sie. Einfacher ist der digitale Zugriff. Teile der Werke Kants werden digital bereitgestellt von der Berlin-Brandenburgischen Akademie der Wissenschaften (https://kant.bbaw.de/de/akademieausgabe). Ein sehr nützlicher und einfacher digitaler Zugriff auf Kants Werke war bis Ende 2022 möglich über die Universität Duisburg-Essen, die dafür die Webseite korpora.org eingerichtet hatte. Ein Cyber-Angriff hat die Seite allerdings unzugänglich gemacht, hoffentlich lässt er sich irgendwann wiederherstellen. Des einfachen Zugangs wegen wird Kant hier, wissenschaftlich mangelhaft, wo immer das möglich war, nach dem Projekt Gutenberg (https://www.projekt-gutenberg.org/autoren/namen/kant.html) zitiert.

1   Immanuel Kant: *Beantwortung der Frage: Was ist Aufklärung?,* https://www.projekt-gutenberg.org/kant/aufklae/aufkl001.html.

2   Immanuel Kant: *Vorlesungen zur Physischen Geographie,* https://telota-webpublic.bbaw.de/kant/base.htm/ge_4fr7.htm.

3   Immanuel Kant: *Vorlesungen zur Physischen Geographie; Dönhoff-Manuskript,* https://telota-webpublic.bbaw.de/kant/base.htm/geo_doe.htm.

4   Es übersteigt jedenfalls meine Auffassungsgabe von der Gebräuchlichkeit philosophischer Texte, wenn berufsmäßige Philosophen mir erklären, es sei eigentlich verboten, Kant wörtlich zu lesen, denn was in seinen Texten stehe, sei nie das, was er eigentlich meint. Zum Beispiel: »*One of the greatest barriers to entry into Kant's work is what I have come to call ›metaphor interference‹ (anachronistic reading). The reader assumes that*

what we currently take a metaphor to mean is exactly what Kant meant by the term. One can create a long list of such terms that contribute to great misunderstanding: autonomy, freedom, synthesis, reason, pure, metaphysics, self-legislating, etc., and among these metaphors are anthropology and pragmatic.« Douglas R. McGaughey: *Was Kant a Racist? Can Critical Idealism Contribute to Combating Racism?*, https://criticalidealism.org/category/was-kant-a-racist/.

5   Marianna Lieder: *Kant und der Rassismus*; philosophie Magazin, 2. Januar 2021.

6   Zit. in Kenan Malik: *The Meaning of Race,* New York University Press, 1996, S. 94.

7   In diesem Sinn wird der Rassebegriff bis heute gelegentlich gebraucht, wenn auch nicht in der Nachfolge Kants. So sagt Annie Ernaux bei der Verleihung des Nobelpreises am 7. Dezember 2022: »*Written in my diary sixty years ago: ›j'écrirai pour venger ma race‹. It echoed Rimbaud's cry: ›I am of an inferior race for all eternity.‹*«; https://www.nobelprize.org/prizes/literature/2022/ernaux/lecture/.

8   Immanuel Kant Beobachtungen über das Gefühl des Schönen und Erhabenen; 4. Abschnitt, https://www.projekt-gutenberg.org/kant/gefuehl/chap004.html.

9   »Man kann also mit dem späten Kant über den frühen Kant hinausdenken, ihm quasi dabei zusehen, wie er mit der Entwicklung vor allem seiner Rechtsphilosophie seine rassistischen Vorurteile überdenkt und überwindet. Kann man dann nicht schlicht darauf verzichten, ihn moralisch zu verurteilen? Marcus Willaschek, Professor für Philosophie in Frankfurt am Main: ›Wenn man Kants Äußerungen über die angebliche Faulheit und Dummheit nicht-weißer Menschen als rassistisch klassifiziert, ist das nicht in erster Linie eine moralische

Verurteilung Kants, sondern eine Distanzierung von seinen Äußerungen, die wir den Opfern rassistischer Diskriminierung schuldig sind. Was Kant da geschrieben hat, ist moralisch falsch und abstoßend und daran gibt es nichts zu beschönigen.‹
Wirkt Kants früher Rassismus noch nach?
Kant persönlich einen moralischen Vorwurf zu machen, ist sinnlos. Der Mann ist schließlich mehr als 200 Jahre tot. Aber seine Philosophie bleibt bis heute wirkmächtig und gehört zur geistigen Grundausstattung aller westlich-orientierten Gesellschaften. Willaschek: ›Kants Äußerungen klar und deutlich als rassistisch und ihn als Rassisten zu bezeichnen, heißt also nicht, seine Größe als Philosoph in Frage zu stellen.‹«
Andreas Beckmann, »War Philosoph Immanuel Kant ein Rassist?« DLF, 17.12.2020, https://www.deutschlandfunk.de/wissenschaftsgeschichte-war-philosoph-immanuel-kant-ein-100.html.

10 Immanuel Kant: *Zum ewigen Frieden. Ein philosophischer Entwurf* (1795), Gesammelte Schriften Bd. VIII. Berlin: Georg Reimer, 1912, S. 340-386. Hervorhebungen des Autors; https://www.projekt-gutenberg.org/kant/ewfriede/chap006.html.

11 Die Berlin-Brandenburgische Akademie der Wissenschaften, die Kants Vorlesungen zur Physischen Geographie herausgibt, schreibt zu dieser Dokumentation: »Entstehung, Struktur und Überlieferung der Vorlesung über Physische Geographie sind singulär im Œuvre des Königsberger Philosophen Immanuel Kant: Im Frühjahr 1757 hat er ein achtseitiges Programm – eine gedruckte Werbeschrift zur Vorlesung – in deutscher Sprache veröffentlicht. Ein erheblicher Teil seiner frühen Publikationen ist direkt oder indirekt mit der »Physischen Geographie« verbunden. Wie seine Zeitgenossen hat Kant mit diesem Thema Inhalte verbunden, die deutlich über die der heutigen, gleich-

namigen Spezialdisziplin der Geowissenschaften hinausreichen. Wir verfügen über eine auf die Zeit der Entstehung der Vorlesung zurückgehende Handschrift: Das in privater Hand überlieferte Manuskript Holstein. Es ist dies, wie Erich Adickes schon vor über 100 Jahren gezeigt hat, keine studentische Nachschrift einer gehaltenen Vorlesung, sondern eine von Kant selbst durchgesehene und mit knappen Notaten versehene Abschrift seines ursprünglich eigenhändigen Konzeptes zur Vorlesung. Der Aufbau des Textes folgt – bei nur geringen Abweichungen – der 1757 publizierten Programmschrift.« (https://telota-webpublic.bbaw.de/kant/base.htm/index.htm). Der Text ist gegenüber der digitalisierten Fassung der Berlin-Brandenburgische Akademie der Wissenschaften anders formatiert.

12 https://www.amo.uni-halle.de/.

13 https://www.deutsche-biographie.de/sfz31531.html#ndbcontent.

14 Zit. nach Karl Vorländer: *Immanuel Kant. Der Mann und das Werk*. 1924; https://www.textlog.de/35692.html.

15 Vorländer (wie Anm. 14), https://www.textlog.de/35634.html.

16 https://www.deutsche-biographie.de/sfz41899.html.

17 http://www.artandpopularculture.com/Caroline_von_Keyserling.

18 https://www.deutsche-biographie.de/sfz80556.html.

19 https://www.deutsche-biographie.de/sfz86145.html#adbcontent.